10万円から始める！

遠藤 洋

Hiroshi
Endo

小型株
集中投資で

1億円

実践バイブル

ダイヤモンド社

株で儲かる人・

投資戦略がある人

常に状況を俯瞰して客観視している

事前に企業情報をしっかり理解している

損切りと利益確定を繰り返してトータルで勝てばいいと考える

株価を気にするのではなくチャートやニュースを気にする

一度投資をしたらどっしりと構える

Twitterは周りの盛り上がり具合を知る手段として使う

投資前からどのくらい儲かる可能性があるか知っている

感情ではなく投資戦略を優先した売買をする

目先の株価の上下には一切動じない

保有株がどのくらいまで成長するかイメージできている

なにが起きたら損切りするのかを明確に決めている

資金管理がしっかりできている

投資前からどのくらい損する可能性があるか知っている

人にすすめられた株も必ず自分で調べてから買う

「なぜその株を買うのか?」を明確に説明できる

株価が下がることも想定している

なにが起きたら利益確定するかを明確に決めている

ここが違う!

損する人は、

投資戦略がない人

利益が出ると
「実力」と勘違い、損をしたら
「運が悪かった」と思う

株価が下がったら、
そのまま塩漬けにして
見ないようにする

株価が気になって
仕方がない

余裕資金を超える金額を
投資につぎ込んでいる

株価が上がっても
いつ売っていいのか
判断できない

自分の買った株が
上がると信じている

「Yahoo!ファイナンス」の
掲示板を好んで読む

過去の成功体験が
忘れられない

日々の株価の上下で
一喜一憂する

損をする覚悟が
できていない

株価が下がったら
チャンスだと思って買う

Twitterで投資家が
つぶやいた株を買う

損切りできない

人にすすめられた株を
そのまま買う

勘や気分によって
売買している

CONTENTS

STEP 2 「投資戦略」をつくってみよう

STEP 3 「値上がり株」の見つけ方

STEP 4 勝つ投資家は情報を「捨てる」

STEP 5 必要最小限の株価チャートの見方

STEP 6 株を買った後は どうすればいい？

小型株集中投資は
トレード（投機）
ではない！

小型株集中投資と
FXや先物との違いは？

　近ごろは株式投資だけでなく、FX（外国為替証拠金）取引や商品先物取引、さらには暗号資産（仮想通貨）といった「トレード」（短期売買）を手がける個人投資家が増えています。

　こうしたトレードは、チャート（「ローソク足」「出来高の棒グラフ」「移動平均線」の3要素をベースとする値動きをグラフ化したもの）を見ながら、数時間とか数分、場合によっては数秒で売買を繰り返して、その利ざやを稼ごうとするものです。

　「小型株集中投資」というと、このようなトレードをイメージする人もいますが、それは勘違い。まったくの別ものです！

　お金の運用は、「投資」と「投機」に大きく分かれます。短期売買のトレードは「投機」であり、小型株集中投資はその名の通り「投資」です。

　トレードは刻々と値動きするチャートに張りついて売買を繰り返すのに対して、小型株集中投資は一度買ってしまえば会社が成長するのを待つのが基本となります。

　また、トレードは目先の「値動き」に賭けますが、小型株集中投資は会社の「将来価値」に賭けます。つまり、小型株集中投資は、将来的に株価が大きく上昇しそうな「伸びしろ」（成長力）のある会社を見つけて投資するのです。

　その会社の価値が上昇すれば、「全体のパイ」（**＝時価総額：会社を丸ごと買ったときの値段**）も増えるので、その会社に投資した全員が儲けることが可能です。これを「プラスサム・ゲーム」（サムは英語で「合計」の意味）といいます。

　一方のトレード（投機）は、参加者全員が儲けることはできません。仮に100万円儲かった人がいたら、その裏には必ず100万円損した人がいます。誰かが儲かれば、誰かが必ず損をする「ゼロサム・ゲーム」なのです。

　FXや先物だけでなく、株や債券のデイトレード、数日から1週間で売買を繰り返すスイングトレードも投機にあたります。

　「ゼロサム・ゲーム」をやるのか、それとも「プラスサム・ゲーム」をやるのか。これで後々の資産が大きく違ってきます。

　「ゼロサム・ゲーム」より「プラスサム・ゲーム」がおすすめなのはもちろんですが、「プラスサム・ゲーム」のなかでも、元手が限られる個人投資家が効率よく資産を増やすには、小型株集中投資がいちばんなのです。

	株式	投資信託・ETF	FX取引	先物取引
投資対象	多い		少ない	
投資期間	短い～長い	長い	短い	
監視の必要	ない		ある	
売買回数	少ない		多い	
ゲームタイプ	プラスサムゲーム	証券会社が儲けるゲーム	ゼロサムゲーム	
大金持ちになった人	大勢いる	いない	ごく一部いる	
投資した後	定期的に短時間で株価やニュースをチェック	ほぼ放ったらかし	決済するまで画面から離れず株価チャートやテクニカル指標をチェック	
重視するポイント	会社の業績が伸びるかどうか	手数料の安さ	目先の価格が上がるか下がるか	

※ ただし、株式投資でもトレードをしてしまうとFXや先物と同じになります。

お金と時間を
最大限有効活用する投資法

　私は人生において「時間」こそ、もっとも貴重な資源だと考えています。かつて私は、FX取引などのトレードをしていた時期もありますが、起きている時間の大半をチャートとにらめっこしていては、人生を楽しむ貴重な時間が失われてしまうことを身にしみて感じました。

　2016年6月23日のことでした。この日はイギリスのEU（欧州連合）離脱是非を問う国民投票が行われる日で、朝から為替相場が一方的にポンド安に動いていました。

　私はパソコンの画面に張りついてポンド／円をひたすら売っていたのですが、動きが激しすぎて画面から離れられず、お昼に入っていたアポイントメントをすっ飛ばしてしまったのです。結果としてその日は数時間のトレードで、FX口座の金額が2倍に増えました。

　しかし、私はとても大切なものを失ったような気がして、なんだかとても落ち込んでしまったのです。毎日トレードに時間を割いていくらお金を稼げたとしても、人生を楽しむ貴重な時間を失ってしまうのでは意味がない。この体験をきっかけにトレード（投機）とは縁を切り、投資だけに集中することを決意したのです。

　投機も投資もいろいろと経験して私がたどり着いた「小型株集中投資」は、個人が最小限の時間で最大限お金を増やせる投資法だと考えています。

　小型株集中投資を身につけると、1年の半分以上は国内外を旅しながら暮らすというライフスタイルを実現することもできます。仲間たちと食事やお酒を楽しんでいるときも、目の前の株価や経済指

標の動きを気にする必要は1ミリもありません。

　実際、私はこのライフスタイルを実現するために「小型株集中投資」という手法にたどり着き、会社を辞めて投資家という生き方を選択したのです。

　「時間的自由」と「経済的自由」の両立を目指し、実現するための手段こそが「小型株集中投資」だといえます。

　本書ではチャートや板（株価ごとの買い注文と売り注文の一覧表）の読み方について、少し踏み込んだところまで説明します。しかし、それはあくまで「小型株集中投資」の精度を上げるためのツールであり、トレードを推奨しているわけではありません。

　株式市場にもデイトレーダーやスイングトレーダーはいますから、彼らの投資判断や売買動向は決して無視できません。

　さまざまなタイプの投資家が入り混じるなか、自分以外の目に見えない投資家たちが「なにを考え、どんなポジションをとろうとしているのか？」を想像しながら、投資戦略を考えるためにも、チャートや板の知識は役立ちます。

たまにチェックするだけで余裕がある小型株集中投資
つねにチャートに張りつく必要があって余裕がないトレード

さて、これから具体的な話を進めていきますが、私の前著『10万円から始める！小型株集中投資で1億円』でお伝えした内容を踏まえて、より実践的な小型株集中投資についてお伝えしていきます。

　すでに前著をお読みいただいた方も、もう一度、ざっと読み返してから本書を読み進めていただければ、より深く理解できると思います。

　それでは早速、はじめましょう！

1

大事なのは
「株価」でなく
「時価総額」

「時価総額」に着目する
クセをつけよう

　多くの投資家は「株価」ばかり気にして、「時価総額」はあまり気にしません。しかし、**時価総額こそ、それぞれの銘柄の本質的な伸びしろを計るモノサシになります。**

　小型株集中投資では、時価総額の小さな会社（時価総額300億円以下）を、おもな投資対象とします。

　その理由は、シンプルに**「時価総額が小さい銘柄のほうが伸びしろが大きい」**からです。

　トヨタ自動車（7203）は日本最大級の時価総額（20兆円規模）ですが、その時価総額が3倍（つまり株価が3倍）になるには、新たに時価総額を40兆円も増やさなければ実現できません。

　売上高約30兆円、営業利益2兆5000億円弱（2020年3月期決算）のトヨタ自動車が、数年で現在の業績を数倍単位で大きく伸ばし、時価総額を40兆円も増やす可能性は、かなり低いでしょう。

　ところが、**時価総額100億円程度の小型株の銘柄が株価3倍になるには、時価総額を新たに200億円増やせばいいだけ。これなら、かなり現実的です。**

　日本の上場企業の平均PER（株価収益率）は15倍程度とされています。これは現在の時価総額で会社を丸ごと買ったとしたら、現在の利益が15年間続けば支払ったお金をすべて回収できるという意味の指標です。単純にPERが低い銘柄は割安（お買い得）で、15倍以下だと特に割安だとされています。

　これをベースに計算すると、時価総額を200億円増やすには、年間の利益を現状から13億3000万円増やせば達成できるのです。

　もし、この小型株が広告業の銘柄なら、トヨタ自動車の年間広告費約 1000 億円の 2 〜 3% を獲得するだけで、株価 3 倍を達成できる計算になります。

大型株＝トヨタ
時価総額20兆円

株価3倍になるにはさらに時価総額40兆円も必要…

こりゃムリめ…

小型株＝時価総額100億円

大きなリターンを狙うにはやっぱり伸びしろのある小型株がいい！

株価3倍になるには時価総額200億円でOK！

なぜ小型株がいいのか？

　小型株集中投資は、個人投資家が大きな資産を築くための最短ルートでもあります。

　ふつうの会社員が少額から投資を始めて、数年で資産の桁を 1 つ 2 つ増やそうとするなら、小型株集中投資がいちばんの近道、というのが私の結論です。

　ひと言で「株」といっても、時価総額によって「大型株」「中型株」「小型株」と大まかに分かれます。日本の上場会社数は 3719 社（2020 年 8 月現在）ありますが、そのうち大型株は時価総額・流動性が高い上位 100 銘柄、中型株は大型株に次いで時価総額・流動性が高い 400 銘柄、小型株は大型株、中型株に含まれない残りの全銘柄（約 3200 銘柄）とされています。

そのなかでも私は「小型株」（特に時価総額300億円以下）を投資ターゲットにしているわけです。誰もが知る大企業の銘柄を好んで投資する人もいますが、そういった大型株はすでに大きく成長しているので、小型株に比べて伸びしろは小さいです。

　投資先は、いま有名でなくてもいいのです。これから大きく伸びて有名になる会社に投資しましょう。投資で大切なのは「いまの事業規模」ではなく、「未来の事業規模」です。

　今後の伸びしろが大きければ大きいほど、株価が上がる可能性が高く、期待できる投資リターンも大きくなります。これが小型株に投資すべき大きな理由です。

　小型株への投資は、個人投資家ならではの投資戦略でもあります。

　大きな資金を運用する「ヘッジファンド」や日本の年金積立金管理運用独立行政法人「GPIF」などの機関投資家は、自分たちの売買で大きく株価が変動してしまうので、小型株へ投資しようにもなかなかできません。

　一方、機関投資家に比べて運用資金の少ない個人投資家であれば、フットワーク軽くこのような小型株にも投資することができます。

△ 大型株・中型株 ＝ すでに規模が大きく伸びしろはあまりない……
◎ 小型株 ＝ まだ規模が小さく伸びしろがとても大きい！

なぜ集中投資がいいのか？

　そしてもう1点、なぜ「集中投資」なのか？

　ちょっと想像してみて欲しいのですが、あなたに子どもがいるとします。「同時に10人育てる」のと「1人を育てる」のでは、どちらがより手厚く面倒をみられるでしょうか？

　もちろん1人のほうですよね。同じことが株式投資にもいえるのです。

　同時に多くの銘柄に分散投資すると、どうしても「きちんと目が届かなくなる」というデメリットが生じます。特に会社員などの兼業投資家は、忙しい本業との兼ね合いもあって、投資先が多くなればなるほど目が届かなくなります。

　投資先の数は運用額にもよりますが、いずれにしても個人投資家にとっての最善策は「集中投資」なのです。

　多くの銘柄に分散投資すると、銘柄の選定や情報の収集がどうしても雑になります。しかし、**「1つだけ選んで投資をしなさい」といわれれば、より慎重に銘柄について調べますし、投資後もきめ細かく情報をキャッチアップするようになります。**

　分散投資でリスクを減らそうとすると、逆に管理不行き届きでリスクが高まってしまうのです。これも集中投資をすすめる理由です。

　投資の世界では「卵は1つのカゴに盛るな」といわれ、個別銘柄1つに投資するより、複数の業種（セクター）、複数の市場（国）、複数の資産クラス（国内株式だけでなく外国株式や内外の債券）に分散投資することで、投資資産全体のリスクを減らすことが常識とされています。

これは数億円単位の資産を運用する投資家や機関投資家にはあてはまることですが、数十万円とか数百万円の単位で投資している個人投資家にとっては集中投資のほうがリスクを減らすことができます。私なら資産をひと桁もふた桁も増やしたいという個人投資家には、こういいます。

「卵は1つのカゴに盛れ、ただし、どのカゴに盛るかを死ぬ気で選べ！」

「投資家レベル」を 5段階でチェック！

小型株集中投資でパフォーマンスを高めるには、投資家としての「自分のレベル」を知り、投資家としてどこを目指しているのかを明確に認識しておく必要があります。

投資家のレベルを5段階に分けた次ページのピラミッド図では、おそらく読者のみなさんの多くはレベル1～3にいると思われます。

継続して利益を出せる投資家はレベル4以上ですが、ここを目標にします。

ところが、レベル3とレベル4の間には、なかなか越えられない大きなキャズム（溝）が存在します。どれだけ投資経験が豊富でも、投資に対する考え方が間違っていると、このキャズムを越えることはできません。

逆にいうと、考え方さえ間違っていなければ、短期間でキャズムを越えてレベル4に達します。その考え方を本書でお伝えしていきたいと思います。

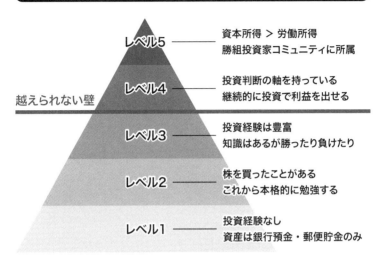

投資家の実力5つのレベル（レベル4以上を目指そう）

レベル5 ── 資本所得 ＞ 労働所得
　　　　　　勝組投資家コミュニティに所属

レベル4 ── 投資判断の軸を持っている
　　　　　　継続的に投資で利益を出せる

越えられない壁

レベル3 ── 投資経験は豊富
　　　　　　知識はあるが勝ったり負けたり

レベル2 ── 株を買ったことがある
　　　　　　これから本格的に勉強する

レベル1 ── 投資経験なし
　　　　　　資産は銀行預金・郵便貯金のみ

「勝てる投資家」と 「勝てない投資家」の違い

　レベル4以上の勝てる投資家を目指すため、レベル3以下の勝てない投資家との行動パターンの違いをわかりやすく次のページの表にまとめました。

　ひと言でいうと、レベル3以下の投資家は「感覚優先」、レベル4以上の投資家は「戦略優先」で投資します。

　「人は感情の生き物」といわれるくらいなので、自分では冷静沈着で平常心を保っているように思っていても、無意識の感情や感覚によって物事を判断してしまいがちです。

　ランチでなにを食べるか、どの映画を観るか、といったささいなことであれば、その場の感覚で判断しても問題ありませんが、投資

判断を感覚任せにすると損する可能性が高まります。

　情報収集についても、レベル3以下の投資家は、あれもこれもと感覚的にすべての有益な情報を把握しようとします。一方、レベル4以上の投資家は、明確な基準を持って情報を取捨選択します。

　投資手法についてもレベル3以下の投資家は、さまざまな手法に手を出そうとして結局はうまくいかないケースに陥りがちですが、レベル4以上の投資家は自分が得意な手法に絞って投資をします。

　そんななかでも、勝てる投資家と勝てない投資家のいちばんの違いは「視野の広さ」です。

　レベル3以下の投資家は、自分の保有株以外は目に入らなくなりがちですが、レベル4以上の投資家は保有株以外にも「周りの投資家はどう判断しているのか」「それによってどう株価が動くか」というように、一歩引いて俯瞰して理解しようとする力を持ち合わせているのです。

	勝てない投資家	勝てる投資家
損切り	感情任せで塩漬けしがち	明確なルールがある
銘柄の選び方	流行りのジャンルに乗ろうとする	詳しいジャンルに絞って選ぶ
やっている投資	あれこれ中途半端に手を出す	得意なものに絞る
ニュースの読み方	すべてのニュースを読む	重要なニュース以外は流し読み
『会社四季報』の使い方	最初から全ページに目を通す	目的を明確にしてから読む

	勝てない投資家	勝てる投資家
投資のタイミング	いまさら遅いと思って動けない	投資戦略に沿った行動をする
株価が想像と違った方向に動いたとき	感覚的な行動をする	明確なルールがある
重要な情報に対して	鵜呑みにする	自分で情報の裏どりや分析をする
他人からおすすめ銘柄を聞いたとき	もう遅いと思って何もしない／何も考えずに買う	自分で調べてから判断する
投資のスタイル	独自の方法にこだわる	上手くいってる人を真似する
投資した株が大きく上がったとき	儲かったお金で何買おうか想像する	冷静に売りタイミングを考える
想定外のことが起きたとき	環境や他人のせいにする	想定外のことが起きることも想定済み
買い物をするとき	1円でも価格が安いものを探す	価格よりも価値が高いものしか買わない
時間とお金の優先順位	時間よりもお金を節約する	お金よりも時間を節約する
本を読んだとき	そんなこと知ってると批判する	自分にとって有益な情報を探そうとする
PER（株価収益率）PBR（株価純資産倍率）	指標に対して安直な答えを求める	指標はあくまで参考の1つにする
大損をしたとき	もう投資なんてやらないと決意する	同じ過ちを繰り返さない方法を考える
証券会社から営業電話が来たとき	話を聞いて買うかどうか考える	売れなくて困っているんだなと考える

あなたには
「投資戦略」がありますか？

　さて、あなたはなんとなくの感覚を頼りに、行きあたりばったり
で投資していませんか？　株で損している人の多くは、行きあたり
ばったりで投資しています。

　運よく株価が上がって、ちょっと含み益が出ると、「儲かってる
うちに売ってしまおう」と利益確定してしまいます。逆に株価が下
がって含み損を抱えても、「そのうち値上がりするだろう」と根拠
のない自信から株を塩漬けしてしまいがちです。

　こんな行きあたりばったりの投資をしていると、トータルで損し
てしまうのはあたり前なのです。こうして多くの個人投資家が、株
式市場からの退場を余儀なくされているのが実情です。

　株式投資は、どんなプロでも全戦全勝なんてあり得ません。読み
が外れて多少損しても、その損を補って余りある利益を出せるから
こそ、トータルで勝てるのです。

　**株価のトレンドを読んで含み益を最大化し、逆に含み損を抱えた
ら早めに損切りしてマイナスを最小化する。これが株式投資の基本
中の基本です。多くの勝てない個人投資家は、これと逆の売買をし
ているのです。**

全部揃ったら買い！
3つのポイント

　株式投資では、「買う」「売る」より「投資しない」という判断の
ほうが多くなります。

　株式投資には野球のような"見逃し三振"は存在しません。何度見送ってもプラス・マイナスの痛手はこうむりません。

　投資を見送った銘柄の株価が上昇して、「投資しておけばよかった……」と後悔することはあるかもしれません。それはそれで「買っておけばよかったパターン」として、あなたの投資経験に蓄積され、次の投資判断に活きてきますから、失敗ではないのです。

**　何度もスルーしながらも、「上がるパターン」「グズグズするパターン」「下がるパターン」の違いを蓄積することで、投資判断の精度により磨きがかかってきます。**

　とはいえ、最初からなるべく損失を出さないで、利益を出したいところです。そこで、「この条件が揃ったら買い」「この条件にあてはまったらスルー」という投資判断の目安についてお伝えします。

　すべての条件があてはまる銘柄を見つけることは容易ではないので、なかなか投資できずにもどかしく感じるかもしれません。しかし、「可能な限り損をしたくない」と思うのであれば、条件に合わない投資をスルーすることも必要になります。

全部揃ったら買い！　3つのポイント

☑ **株価3倍(＝時価総額3倍)になるポテンシャルがある**

- -

☑ **商品・サービスのニーズが高い**

- -

☑ **「出来高」増加をともなう株価上昇の直後**

それぞれを見ていきましょう。

☑ 株価3倍(＝時価総額3倍)になるポテンシャルがある

「株価3倍＝時価総額3倍」ということです。時価総額100億円の会社が株価3倍（時価総額300億円）になるには、新たに200億円分の価値を世の中に提供する必要があります。つまり現在の業績（特に利益）が3倍になるポテンシャルがあるかどうかがポイントになります。

☑ 商品・サービスのニーズが高い

会社の業績が3倍アップするためには、その会社の商品・サービスが3倍売れるようになる必要があります。展開している商品・サービスは、多くの消費者が「欲しい」と思うかどうか？　シンプルながら本質的なポイントを冷静に見定めましょう。

☑ 「出来高」増加をともなう株価上昇の直後

株価が上昇する直前の底値で投資したいところですが、現実問題、それは神のみぞ知ることです。出来高（1日に売買が成立した株数）増加をともなった株価上昇時が実質的にベストな投資タイミングです。シンプルに「継続的な上昇トレンドにのっている銘柄」も入れて問題ありません。

これら3つの条件が全部揃う銘柄は滅多に見つからないかもしれません。しかしその分、出会えたときは大きな投資チャンスになります。

1つでもあてはまったらスルー！
3つのポイント

　続いて、可能な限り株式投資で損失を避けるためのポイントです。ここでいう損失には「機会損失」（チャンスロス＝本来得られるはずの利益を失ったこと）も含みます。

1つでもあてはまればスルー！　3つのポイント

☑ **株価3倍（＝時価総額3倍）になるポテンシャルがない**

☑ **株価にほとんど動きがない**

☑ **すでに短期間で株価が上がってしまっている**

☑ 株価3倍（＝時価総額3倍）になるポテンシャルがない

　「株価3倍＝時価総額3倍」になるポテンシャルがほとんどない銘柄には、投資しないほうがいいです。もともと投資は損するリスクを負うものです。100万円で株を買ったら、その100万円を失うリスクも負っています。ゼロになることは滅多にありませんが、投資額以下になるリスクを抱えるにもかかわらず、期待リターンが＋10％とか＋20％程度では割に合いません。大切なお金をリスクにさらして投資をするのですから、最低でも株価3倍を目指せる銘柄に投資対象を絞りましょう。

☑ 株価にほとんど動きがない

　株価に動きがないものは、底値買いのチャンスと思うかもしれません。しかし、どれだけポテンシャルが高い銘柄でも、その株が投資家に注目されて、実際に買われなければ、株価は上昇しないのです。投資しても株価がグズグズと動かず、しびれを切らして売った直後に上がったりします。ポテンシャルの高い会社でも投資家に注目されていない株は、「上がったら買うリスト」に放り込んでおきましょう。こうした銘柄は注目されて上がり始めた直後に買っても遅くはありません。

☑ すでに短期間で株価が上がってしまっている

　短期間で株価が上がった銘柄は、株価上昇の理由が本当に業績を大きく押し上げるものでない限り、急落するリスクをともないます。株価上昇の初めのほうで買うチャンスを逃し、上昇してから1週間くらい経過していたり、TwitterやYahoo!ファイナンス掲示板で盛り上がっている銘柄をわざわざ買う必要はありません。そうした銘柄は、すでに多くの投資家が保有していて、いつ利益確定（売り）をしようかとタイミングを見計らっていますから、株価下落リスクも高くなります。

お金持ちはみんな株を持っている

　スイスの金融大手「クレディ・スイス銀行」の「グローバル・ウェルス・レポート」（2019年版）によると、世界人口のたった1%（最富裕層）が世界の富の約44%を、上位10%が82%の富を占有する一方、世界人口の半数以上を占める低所得層が保有する富はわずか1.8%でした。

　ごく一部のお金持ちが、世の中のほとんどの富を握っているのが、この世界の現実なのです。米経済誌『フォーブス』が毎年発表している「世界長者番付」「日本長者番付」（2020年資産額）を見てみましょう。

世界長者番付		
1位	13兆5900億円	**ジェフ・ベゾス**　アマゾン（アメリカ）
2位	11兆2700億円	**ビル・ゲイツ**　マイクロソフト（アメリカ）
3位	9兆9800億円	**ベルナール・アルノー**　LVMH（フランス）
4位	8兆2200億円	**ウォーレン・バフェット**　バークシャー・ハサウェイ（アメリカ）
5位	7兆900億円	**ラリー・エリソン**　オラクル（アメリカ）
6位	7兆400億円	**マーク・ザッカーバーグ**　フェイスブック（アメリカ）
7位	6兆9300億円	**アマンシオ・オルテガ**　インディテックス〈ザラ〉（スペイン）
8位	6兆5400億円	**スティーブ・バルマー**　マイクロソフト（アメリカ）
9位	6兆500億円	**ラリー・ペイジ**　Google（アメリカ）
10位	5兆9200億円	**ジム・ウォルトン**　ウォルマート（アメリカ）

日本長者番付		
1位	2兆3870億円	柳井 正　ファーストリテイリング
2位	2兆1940億円	孫 正義　ソフトバンクグループ
3位	2兆1190億円	滝崎武光　キーエンス
4位	1兆60億円	佐治信忠　サントリーホールディングス
5位	6320億円	高原豪久　ユニ・チャーム
6位	5780億円	三木谷浩史　楽天
7位	5030億円	重田康光　光通信
8位	4390億円	毒島秀行　SANKYO
9位	4280億円	似鳥昭雄　ニトリ
10位	4170億円	森 章　森トラスト

　こうした資産家に共通するのは、**「株を保有している」**ということです。ジェフ・ベゾス氏（アマゾン創業者）やラリー・ペイジ氏（Google 共同創業者）、孫正義氏（ソフトバンク創業者）のように自社株を保有している人もいれば、ウォーレン・バフェット氏（米投資会社バークシャー・ハサウェイ）のように他社株に投資して保有している人もいます。

　いずれにしても、大量に株を保有して巨額の資産を築いている点は共通しているのです。

　おそらく世界の資産家上位 1 万人を調べたとしても、ほとんどの人が株を保有しているでしょう。それだけ株には大きな資産を築く力があるということです。

　こうした事実をみると、一代で資産を築こうと思ったら「株を

保有する」ことは避けて通れない道でもあります。

　お金持ちになりたいとしたら、考えるべきは「いかにこれから株価が上昇する銘柄を保有するか」です。

　参考までに上場直後の株（米国株）を１００万円分買っていたら、いくらに値上がりしているかを見てみましょう。

もし上場直後に100万円投資をしていたら、現在いくらになっているか？（日本円概算）

● マイクロソフト	20億円
● アドビシステムズ	17億円
● アマゾン	13億円
● シスコシステムズ	6億円
● アップル	5.5億円
● ナイキ	4.8億円
● ネットフリックス	3.8億円
● スターバックス	2.2億円
● イーベイ	1.3億円

2020年8月時点

　実際に上場直後から現在まで保有し続けているのは、経営者以外ではレアケースかもしれませんが、株にはこれほど資産を増加させるパワーがあるのです。

STEP

2

「投資戦略」を
つくってみよう

「いつまでに」「いくらの株価」を目標とするか？

突然ですが、あなたは旅行が好きですか？

前述のように、私は1年の半分くらいは国内外を旅行しています。旅行は無計画で行きあたりばったりでもいいのですが、計画を立てておくと観光しやすいですし、思わぬ失敗も避けられます。

これと同じように株式投資では、「投資戦略」を用意しておくと、圧倒的に成功確率が高まります。ところが実際には、行きあたりばったりで投資している人がほとんどなのです。

1000円前後の今日のランチでなにを食べるかを決めるのとは違って、数十万円とか数百万円のお金を投資するとなれば、行きあたりばったりで運よく儲かったとしても、それは一時的で、最終的には高い確率で資産を大きく減らすことになるでしょう。

実際、投資を始めてから数年で株式市場から退場する個人投資家がたくさんいるのです。そうならないためには、どうしたらいいのでしょうか？

第一歩は、「いつまでに」「いくらの株価」を目標とするかを考えてみることです。

たとえば、「1年後」に「株価3倍」を目標にするとします。

目標まで順調に株価が上昇すればなんの苦労もありませんが、あくまで目標ですから、実際にはそうならないことのほうが多いです。

株価が上がると思って買ったのに、ズルズルと値下がりしたり、グズグズと横ばい状態が続くうちに、ほかに目をつけていた銘柄のほうが値上がりしたり、投資した翌日に株価が急落する可能性だってあります。

　そうなったときに「どうするのか?」をあらかじめ決めておくのが「投資戦略」です。さまざまなシナリオを想定しておくことで、「想定外」を限りなく少なくするともいえます。

　行きあたりばったりで投資していると、株価が値下がりしたときになって初めて、「損切りするかどうか?」を考えることになります。でも、事前に株価が下がることを想定して、対処法を考えておけば、慌てることはないのです。

投資前に想定しておく4つのポイント

　もう少し具体的に投資戦略を考えてみましょう。

　ある銘柄に投資しようと思ったら、「全体的な投資イメージ」「予想通り株価が上がったとき」「予想より株価が伸びないとき」「予想に反して株価が下がったとき」と4つの観点に分けて、それぞれの項目をチェックしてみましょう。

➡ 全体的な投資イメージ

- ☑ 投資する理由は？
- ☑ 展開するビジネスの市場規模は？
- ☑ 投資期間はどのくらいか？
- ☑ 時価総額の上限はどのくらいか？
- ☑ 時価総額の下限はどのくらいか？
- ☑ 損失リスクの許容範囲は何％で、何％のリターンを狙うか？
- ☑ 投資の期待値はプラスか？

➡ 予想通り株価が上がったとき

- ☑ 株を持ち続けるとしたらどんな条件を満たしたときか？
- ☑ 株を売るとしたらどんな条件を満たしたときか？

➔ 予想より株価が伸びないとき

☑ 株を持ち続けるとしたらどんな条件を満たしたときか？

☑ 株を売るとしたらどんな条件を満たしたときか？

➔ 予想に反して株価が下がったとき

☑ 株を持ち続けるとしたらどんな条件を満たしたときか？

☑ 株を売るとしたらどんな条件を満たしたときか？

☑ 問答無用で売るときはどんなときか？

　以上の項目をチェックしつつ、投資後に考えられる事態を想定しておきます。

　そうすると投資した後、その答えを目安に投資判断していけばいいので、目先の株価に一喜一憂することがなくなります。

自分の投資戦略を守ることなく
成功はない

投資戦略をつくっても、それを守らずに失敗するケースがとても多いです。

よくありがちなのは、想定した「時価総額の上限」を超えたのに「まだ上がりそうだから、もう少し保有し続けよう」と欲が出てしまうケースです。

根拠のない「もっと上がりそう」という考えは、冷静な判断を邪魔し、せっかくの利益確定のタイミングをみすみす逃してしまう元凶となります。

結論からいうと、**自分でつくった投資戦略は守ってください。投資戦略を守った結果、思い通りにならなかったら、投資戦略を改善して次につなげるようにすればいいのです。**

そうやってトライアル・アンド・エラーを繰り返すことによって、投資戦略の精度が高まっていきます。

ところが投資戦略を守らず、最後の最後で感情任せの行きあたりばったりの投資をしてしまっては、次の投資に活かすこともできません。

ただし、例外的に投資戦略そのものを修正するケースがあります。

次ページのような投資戦略の前提が覆るような事態が起こった場合、新たな戦略に修正する必要があります。

逆にいうと、投資戦略の前提が覆るような事態が起こらない限り、投資戦略を変更してはいけないということです。

投資戦略を修正すべき例外的状況

社長の逮捕	大株主の株売却	業績の急悪化
業績を左右する訴訟敗訴	商品のリコール	ウイルスの蔓延
法律改正	最高裁の新たな判例	テロや戦争
粉飾決算	数値偽造	大きな自然災害
巨大企業の倒産	各国政府の方針発表	新技術の誕生
人々の行動の劇的変化	決算の下方修正	強力なライバル商品・サービスの出現
役員の入れ替わり	業務提携の発表	そのほかの事業を左右するような事象

シナリオからの「期待値」で投資判断しよう

　36〜37ページの投資戦略を検討しながら、その投資への「期待値」を測るようにしましょう。たとえば、こんな感じです。

　「順調にいけば半年で株価1.5倍は目指せそうだ。でも、ここ数日で株価が急騰したので、来週の決算発表で期待外れになった場合、株価が半値まで暴落する可能性もある」

　このシナリオは、別の言い方をすると、こうなります。

　「1週間後に株価が−50%になるリスクを負って、半年後に＋50%のリターンを狙う投資」

　結論からいうと、この投資はしないほうが無難でしょう。

なぜなら、リスクもリターンも±50%と、損益が同じなのでトントンのように思えますが、「1週間後に損失」と「半年後に利益」という時間軸からすると、まったく割に合わない投資だからです。

　ほんの1週間で損するリスクが高いにもかかわらず、同じ利益を得るのに半年かかるシナリオですから、時間的コストを考えるとトータルの期待値はマイナスになるのです。

　もう1つの投資戦略では、次のようなシナリオが考えられたとします。

　「来週発表の決算がよければ、短期的に株価1.5倍は目指せそう。あまり注目されていない銘柄なので、仮に決算が期待外れになっても、急に売られることはなさそうだ。値下がりするにしても、半年くらいかけて−50%くらいだろう」

　このシナリオは、別の言い方では、こうなります。

　「半年後に株価が−50%になるリスクを負って、1週間後に＋50%のリターンを狙う投資」

　結論からいうと、この投資はしたほうがいいでしょう。

　なぜなら、リスクもリターンも±50%と先ほどの例と同じですが、「1週間後に利益」「半年後に損失」という時間軸からすると、期待値はプラスになるからです。

　このように「予想されるリスクに対して、どのくらいのリターンが得られそうか？」をプラス・マイナスの幅と時間軸から想定して、期待値がプラスなら投資したほうがいいという判断になります。

　期待値がマイナスなら「投資をしない」と判断することも大事なのです。

実例から投資戦略を立ててみよう

　では、今度は実例をベースに投資戦略を立ててみましょう。

　マンガアプリ「マンガBANG!」を運営する東証マザーズ上場「Amazia」（4424）の各種データを参考にしながら、一緒に考えていきましょう。

4424 Amazia

[出所]マネックス証券（2020年5月13日）

銘柄名 (かな)	あめいじあ
決算	9月
設立	2009.10
上場	2018.12
特色	無料購読の漫画アプリ『マンガBANG!』を運営。広告、一部課金で稼ぐ。投稿サービスも展開
単独事業	マンガアプリ100〈19・9〉
業種コード	5250
業種名	情報・通信業
独自増額	人気コミックの無料購読配信が奏功、1人当たり課金額が出足想定超で課金収入拡大。広告収入も単価上昇追い風で伸長。版権料など原価増、広告費、新アプリ開発の先行費用こなす。営業増益拡大。
女性開拓	電子コミックを軸に余暇関連の複数コンテンツ展開の女性向けエンタメアプリは、6～7月開始に後ずれ。稼ぎ時のGW狙い、無料購読の人気作品拡充目指す。
本社	150-0036　東京都渋谷区南平台町2-17日交渋谷南平台ビル
電話番号	TEL 03-6415-3435
従業員	〈19.12〉19名 (32.6歳) [年] 573万円
業種	通信サービス　時価総額順位 26/106社
証券	[上] 東京 (マ) [幹] (主) 日興 (副) SBI,いちよし,岩井コスモ,岡三 [名] 三井住友信 [藍] EY新日本
銀行	三井住友,みずほ,楽天,三井住友信
URL	https://amazia.co.jp/
株式	1/31　3,328株　時価総額　326億円
仕入先	メディアドゥ
販売先	Apple
生産性比較	従業員数—　一人当り純利益8,293万円 (一倍)
採用	初・・万円　予0　内定0 (女0)　中途7
比較会社	3658 イーブック,　3981 ビーグリー,　7035 &ファクト

2020年3月16日時点

【業績】	売上高	営業利益	経常利益	純利益	1株益(円)	1株配(円)
単17.9*	1,171	-25	-27	-29	-10.0	0
単18.9	1,375	78	77	94	31.8	0
単19.9	3,386	416	396	303	93.5	0
単20.9*予	6,400	680	680	480	144.2	0
単21.9*予	7,500	750	750	510	153.2	0
単18.10～3	1,314	180	163	126	40.0	0
単19.10～3予	3,000	350	350	240	72.1	0
単18.10～12	575	76	62	53	17.5	0
単19.10～12	1,641	296	293	200	60.3	0
会20.9予	5,857	547	542	368	-	(19.11.6)

単位:百万円

配当	配当金(円)
16.9	0
17.9	0
18.9	0
19.9	0
20.9予	0
予想配当利回	-%
BPS(円)〈単19.12〉	
359.9	(291.2)

2020年3月16日時点

【財務】〈単19.12〉百万円	
総資産	1,986
自己資本	1,178
自己資本比率	59.3%
資本金	345
利益余剰金	492
有利子負債	5

【株主】[単]1,261名〈19.9〉百万円	
株主名	持株数・持株比率(%)
佐久間亮輔	120 (36.2)
江口元昭	80 (24.1)
ゴールドマンサックス・インターナショナル	20 (6.1)
メディアドゥHLD	13 (4.2)
日本トラスティ信託口	13 (3.9)
BNY・GCMクライアントJPRDISGFEAC	8 (2.4)
江口弘尚	6 (1.6)
(株)VOYAGE VENTURES	5 (1.6)
日本マスター信託口	4 (1.3)
KBLヨーロピアンPB107704	4 (1.2)
〈外国〉10.2%	〈浮動株〉10.7%
〈投信〉5.6%	〈特定株〉83.0%

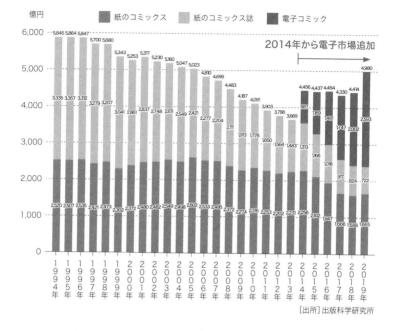

億円

紙のコミックス　紙のコミックス誌　電子コミック

2014年から電子市場追加

[出所]出版科学研究所

→ 全体的な投資イメージ

◉ 投資する理由は?

売上高が14億円→34億円→64億円と倍々ゲームで伸びており、電子コミック市場も年々拡大している。売上高が数百億円規模に急拡大していく可能性が高い（新型コロナによる在宅需要の増加も追い風）。時価総額が300億円以上あって小型株としては規模が大きいほうなので、10倍株（テンバガー）は狙えないかもしれないが、株価3倍は十分に狙える。創業社長が筆頭株主で投資家と利害が一致しており、さらに株価上昇の期待度が高まる。「マンガBANG!」を実際に利用している知人の評判がよく、商品力と需要の高さを感じる。

●**展開するビジネスの市場規模は？**

コミック市場（2019年）は「紙＋電子」が4980億円（前年比12.8%増）、そのうち「紙」は2387億円（同1.0%減）だが、「電子」は2593億円（同29.5%増）。電子のコミック市場占有率は52.1%と、ついに紙のコミック市場占有率を逆転し、なおも急成長中。

●**投資期間はどのくらいか？**

直近高値の5500円で利益確定できるとすれば、1〜2カ月が目安。5500円を超えてそのまま上昇トレンドに入った場合は、3カ月〜半年程度のイメージ。

●**時価総額の上限はどのくらいか？**

電子コミック市場の拡大ペース次第だが、現時点では500億〜1000億円くらい。

●**時価総額の下限はどのくらいか？**

直近安値の約3000円から計算すると、短期的には200億円程度。

●**損失リスクの許容範囲は何%で、何%のリターンを狙うか？**

日足の長期移動平均線が4135円に対して、現在は株価4155円なので、ここから上昇トレンドが崩れなければ絶好の押し目。ここから株価が4000円を切って2〜3日戻らなければ損切り、上は直近3カ月の高値である5500円超えを期待。仮に損切り価格を3800円に設定し、5500円前後で利益確定すると、次のようになる。現在4155円⇒利益確定5500円（＋32.0%）、損切り3800円（−8.5%）。

●**投資の期待値はプラスか？**

−8.5%のリスクを負って、＋32.0%のリターンを狙うので、期待値は大きくプラス。

→ 予想通り株価が上がったとき

● 株を持ち続けるとしたらどんな条件を満たしたときか？

・現状のペースを崩さず業績が伸び続けているとき

・株価チャートの上昇トレンドをキープしているとき

・業績予想の上方修正したとき

・新規事業を開始したとき

● 株を売るとしたらどんな条件を満たしたときか？

・短期間で急騰しすぎたとき

　（例：2日連続ストップ高/3日で＋30％急上昇）

・目標株価（5500円）を超えたとき

・半年以内に時価総額500億円を超えたとき

・株価チャートの上昇トレンドが崩れたとき

　（中期移動平均線を割り込んだとき）

・新規ダウンロードやユーザー数の伸び率が鈍化してきたとき

→ 予想より株価が伸びないとき

● 株を持ち続けるとしたらどんな条件を満たしたときか？

・業績が順調に伸びているとき

・日足の長期移動平均線上で株価が推移しているとき

・全体相場の悪化のあおりをうけて株価がグズついているとき

● 株を売るとしたらどんな条件を満たしたときか？

・業績の伸びが鈍化してきたとき

・移動平均線3本が絡まってきたとき

・株価が1カ月以上グズついたとき

→予想に反して株価が下がったとき

●株を持ち続けるとしたらどんな条件を満たしたときか？

・長期移動平均線を割り込んですぐに株価を戻したとき

・事前に設定した損切りライン（3800円）にタッチしないとき

●株を売るとしたらどんな条件を満たしたときか？

・事前に設定した損切りライン（3800円）にタッチしたとき

●問答無用で売るときはどんなときか？

・粉飾決算が発覚したとき

・正当な理由なく大株主の社長が保有株を売り始めたとき

・明らかに勝てない強力な競合サービスが出現したとき

・プラットフォーム側がアプリを削除したとき

・電子書籍ビジネスに圧倒的に不利な法律が成立したとき

・事業継続が難しいレベルの出来事が発生したとき

・スマホでマンガを読む文化がこれ以上普及しないと判断したとき

　さて、ちょっとわからない株用語もあったと思いますが、本書で
おいおい説明していきますので、ご安心ください。

　このように株価の動きをひと通り想定しておくと、実際に投資し
た後、なにが起きてもほとんど慌てずに対応できます。

　**投資戦略を立てることに慣れてくると、想定外のことはめったに
起きず、損失も利益もすべて想定の範囲内となります。これが目指
すべき領域です！**

　投資戦略をつくるには、そもそも投資したい会社のことを十分に
理解しておく必要があります。その会社が展開しているビジネスの
内容はもちろん、「市場規模」「競合他社」「株主構成」「事業リスク」
などを広く知っておく必要があるのです。

だからこそ、小型株「集中」投資なのです。多くの銘柄に適当に分散投資するのではなく、1つひとつ丁寧に調べて大事に投資していきます。それによって成功確率が高まるのです。

　仕事や趣味など自分の関心度が高い業種を投資対象にすると、楽しみながら情報の収集や分析ができるので、投資パフォーマンスもアップしやすいと思います。

　参考にする指標は、展開するビジネスによって異なります。

　「Amazia」の場合、主力事業がマンガアプリなので、「ダウンロード数」「ユーザー数」を参考にしましたが、飲食やジムなど実店舗を展開している会社なら「店舗数」を参考にします。

「時価総額」と「市場規模」で 伸びしろがわかる

　投資戦略を立てるとき、「株価がどこまで上がるかなんて予測できない」と思うかもしれません。それは「株価」に注目しているから予測できないのです。

　注目すべきは株価ではなく、「時価総額」と「市場規模」です。時価総額と市場規模に着目すると、その会社の上限の時価総額の桁（ケタ）が「100億円単位」なのか「1000億円単位」なのかくらいは、大まかに予測できます。

　大事なのは、投資後の伸びしろが大きい銘柄を見つけることですから、大まかに"規模感"を予測するだけでいいのです。

　たとえば、小動物のハムスターなら、どれだけ大きく成長したとしても、手のひらサイズだと予測できます。これが子熊だと、最初は小さくても、そのうち人間より大きくなることが予測されます。

　こんなふうに、その会社が展開するビジネスによって「市場規模」（サイズ）がわかってくるのです。41ページのマンガアプリ「マンガBANG！」を運営する「Amazia」の場合、電子コミックの市場規模（約2500億円）を参考にしました。

　市場規模が小さく、成長度合いも小さい業界でビジネスを展開している会社は、これから大きく成長するとは予測できません。

　一方、すでに市場規模が大きかったり、まだ市場規模が小さくても急拡大している業界でビジネスを展開している会社だったりすると、現在の時価総額が小さければ小さいほど伸びしろが大きいことが予想されます。

　「時価総額」と「市場規模」という2つの視点は、絶対に忘れないようにしましょう。

　どちらも「会社名」「業種名」との組み合わせでキーワード検索すれば、すぐにわかります。小型株集中投資では、時価総額300億円以下の会社を投資対象にしますが、市場規模は「すでに大きい」もしくは「拡大中」が目安です。

　市場規模の大きな領域でビジネスを展開している会社は、それだけで伸び代があります。また、いまは市場規模が小さくても、今後成長していく領域でビジネスを展開している会社も、市場規模の伸びに比例して成長していくことが期待できます。

同じ業界の「時価総額トップ10」と 比べてみよう

　では、「時価総額」と「市場規模」をベースに、会社の伸びしろを予測してみましょう。

仮に「時価総額100億円」の「建設業」の会社を投資対象にしたとします。

　建設業の市場規模は、自動車業界に次いで大きい約55兆円と巨大です。成熟した業界ながら、時価総額100億円規模の会社であれば、伸びしろは「かなりある」といえます。

　次に建設業の「時価総額トップ10」を検索してみましょう。「建設業」「時価総額」とキーワード検索すれば出てきます。

　10位「きんでん」は時価総額約3920億。仮に時価総額100億円の建設業の会社が将来大きく成長し、10位近くまで食い込んでくる見込みがあるなら、伸びしろは3820億円（約38倍）もあると仮定できます。

　もちろん、実際にそうなるかどうかは別として、あくまで投資対象の伸びしろを大まかに測るための手段ですから、ざっくりとした"規模感"がつかめれば問題ありません。

	会社名	時価総額
1	大和ハウス工業	1兆9240億円
2	積水ハウス	1兆2187億円
3	大成建設	7933億6700万円
4	大林組	6753億3300万円
5	大東建託	6471億4900万円
6	鹿島建設	6433億7400万円
7	清水建設	6229億2700万円
8	長谷工コーポレーション	4033億6500万円
9	コムシスホールディングス	3986億700万円
10	きんでん	3920億円

(2020年10月13日時点)

各業界の市場規模イメージ

もう1つの例です。今度は同じく「時価総額100億円」ですが「インターネット広告業」の会社を投資対象にしたとします。インターネット広告の市場規模は約1.6兆円（2018年度）と建設業界の市場規模約55兆円と比べれば小さいですが、2023年度には約2.8兆円まで拡大すると予測されています（矢野経済研究所調べ）。

　インターネット広告業の時価総額トップ10は、下の通りです。

　10位「アイモバイル」は、時価総額約337億円です。仮に時価総額100億円のインターネット広告業の会社が成長して、10位近くまで食い込んだとしても、時価総額は300億円くらい。成長余力はざっと3倍くらいです。

　先ほどの建設業に比べると伸びしろは限定的ですが、ネット広告業界は今後も市場規模の拡大が予想されます。また、市場規模が大きな建設業は古くからの大企業の力も強く、そう簡単に業界地図を塗り替えられないとも思われます。

　いずれにしても、「この株は何倍くらいまで成長できる可能性があるか？」を概算するには、「時価総額」と「市場規模」が役立つのです。

	会社名	時価総額
1	サイバーエージェント	8470億5800万円
2	D.A.コンソーシアムホールディングス	2630億5200万円
3	デジタルガレージ	1773億6700万円
4	バリューコマース	1285億7700万円
5	セプテーニ・ホールディングス	479億2600万円
6	ユナイテッド	385億3800万円
7	ファンコミュニケーションズ	375億4200万円
8	CARTA HOLDINGS	361億9100万円
9	デジタルホールディングス	345億5900万円
10	アイモバイル	336億9500万円

（2020年10月13日時点）

実践ワーク❶ 業界別に 会社の伸びしろを考えてみよう

　簡単な例題で、会社の伸びしろを予測する練習をしてみましょう。

　次のA社とB社は、どちらのほうが伸びしろが大きいと考えられるでしょうか？　その理由も含めて答えてみてください。

A社

時価総額 50億円

業　界 学習塾

市場規模 約9700億円

最近注目を集めている学習塾。少数精鋭の講師陣によるオンライン授業が好評で、生徒数を順調に伸ばしている。

B社

時価総額 100億円

業　界 外食

市場規模 25兆8000億円

リーズナブルな価格で気軽に和食を楽しめる飲食チェーン。24時間営業で人気を集め、急激に店舗拡大している。

	会社名	時価総額
1	ベネッセホールディングス	2711億2000万円
2	ナガセ	583億5300万円
3	リソー教育	498億3100万円
4	東京個別指導学院	331億1800万円
5	ステップ	260億7200万円
6	明光ネットワークジャパン	204億9100万円
7	早稲田アカデミー	161億5300万円
8	学究社	121億6500万円
9	幼児活動研究会	116億5400万円
10	進学会ホールディングス	93億1400万円

(2020年10月13日時点)

	会社名	時価総額
1	日本マクドナルドホールディングス	6820億8500万円
2	ゼンショーホールディングス	3809億6300万円
3	スシローグローバルホールディングス	3315億5500万円
4	すかいらーくホールディングス	2962億5300万円
5	壱番屋	1736億7700万円
6	アトム	1535億5300万円
7	王将フードサービス	1427億4500万円
8	くら寿司	1281億3200万円
9	吉野家ホールディングス	1246億5800万円
10	トリドールホールディングス	1236億7600万円

(2020年10月13日時点)

　学習塾A社は時価総額50億円。時価総額300億円以下を目安とする小型株の中でも、まだ小規模で伸びしろが感じられます。

　業界10位「進学会ホールディングス」は、時価総額100億円規模なので、学習塾A社がトップ10近くまで食い込んできたとしたら、現在の50億円から100億円まで時価総額が伸びる可能性を秘めています。したがって、時価総額の伸びしろは2倍程度と概算できます。

　一方、外食の業界 10 位「トリドールホールディングス」(「丸亀製麺」などを運営) は時価総額 1000 億円以上の規模で、時価総額 100 億円規模の外食 B 社がトップ 10 まで食い込んできたとしたら、現在の 100 億円から 1000 億円以上まで伸びると考えられます。したがって、伸びしろは 10 倍以上と概算できます。

　現在の時価総額で比べれば、学習塾 A 社 (50 億円)、外食 B 社 (100 億円) と、A 社のほうが小さく一見すると伸びしろが大きいように思えるかもしれません。

　しかし、市場規模でみると学習塾 (予備校) は 1 兆円弱、外食は約 25 兆円超と、約 25 倍もの開きがあるため、結果的には「A 社より B 社のほうが伸びしろがある」と考えられます。

実践ワーク❷ 競合他社と「売上」を比べて伸びしろを考えてみよう

　前項では「時価総額」と「市場規模」から会社の伸びしろを予測しましたが、競合他社と「売上規模」を比べて伸びしろを予測することもできます。早速、例題をベースに考えてみましょう。次の C 社への投資を検討していて、伸びしろを推測するとします。

C社

時価総額	100億円
事業内容	健康食品のオンライン定期販売
売上	30億円
利益	3億円

このC社の競合他社を探して、未上場のD社が見つかりました。

D社

時価総額	未上場企業のため不明
事業内容	サプリメントのオンライン定期販売
売 上	300億円
利 益	30億円

　この情報からC社の将来的な伸びしろを予測します。

　比較対象の競合他社が未上場企業なので、時価総額で比べることはできません。そのため、今回は「売上」で比較します。

　同じ業界で、ビジネスモデルもほぼ同じであれば、「利益率」はさほど変わりません。そのため、単純に「売上」を比較するだけでも、その会社のおおよその伸びしろを予測することができます。

　D社は未上場企業とはいえ、売上はC社の10倍。C社にD社と同等の市場競争力があるという前提にはなりますが、単純計算でC社の売上・利益は約10倍の伸びしろがありそうだと予測できます。

　さらにもう1つ例題です。次のE社への投資を検討しているとします。

E社

時価総額	60億円
事業内容	マンガアプリの運営
売 上	20億円
利 益	1億円
利益率	5%

PER（株価収益率） 60倍

備考 ユーザー数が急上昇しており、積極的
に広告宣伝費を投じている。

このE社と同じようなビジネスモデルの会社を探したところ、F
社という上場企業が見つかりました。

F社	
時価総額	300億円
事業内容	電子書籍アプリの運営
売上	40億円
利益	10億円
利益率	25%
PER	30倍
備考	安定した利益重視の経営をしている。

先ほどの例より情報量が増えましたが、これらの情報からE社
の伸びしろがどれくらいかを予測してみます。

まず着目するのは「時価総額」です。時価総額はF社がE社の5
倍も大きいので、E社の伸びしろは5倍というのが、もっともシン
プルな予測です。

さらに、もう1つ大切なことに気づいたでしょうか？

同じようなビジネスを展開しているにもかかわらず、「利益率」
に5倍もの開きがあります。同業で利益率が大きくずれている会
社があった場合、その理由を調べてみると興味深いです。

調べてみると、E社は「広告宣伝費」に大きな金額を投入しており、

売上に対する利益率が低くなっています。この広告宣伝費が、きちんと採算のとれる投資となれば、近い将来、E社はさらに売上が増えると予測されます。

　一方、F社が利益率25%であることから、同じようなビジネスモデルのE社の利益率も、同じレベルまで上がるポテンシャルを秘めているといえます。

　数値が低ければ低いほどいいとされる「PER」（株価収益率）を信じる投資家は多いのですが、PERをベースにすると、E社（60倍）よりF社（30倍）のほうが割安なので、F社を有望な投資対象と判断してしまいます。

　多くの投資家がPERを過信しすぎて失敗する理由は、ここにあります。

PERだけで比べてしまうと、E社が「あえて利益を減らしてまで広告宣伝費を投じ、将来の利益を増やそうとしている」という事実を見逃しがちなのです。

　仮にE社が広告宣伝費を節約して、高い利益率を上げることに舵を切ったら、F社と同様に利益率25%を上げることも可能でしょう。そうなった場合、E社の業績は次のようになります。

E社（目先の利益を重視した経営に切り替えた場合）	
時価総額	60億円
売上	20億円
利益	5億円
利益率	25%（利益を出そうとした場合）
PER	12倍

　PER60倍と割高だったE社が、目先の利益を重視すれば一転して PER12倍となり、F社以上に割安で有望な投資対象となります。

　つまり、E社の潜在的な収益力は、F社と同等レベル。それにもかかわらず PER を基準にすると、市場からは低評価を受けるということなのです。

　将来的な伸びしろを抜きにして、E社がF社と同じ PER30倍という水準で評価されたとすると、理論上の時価総額は次のようになります。

E社（利益率25%・PER30倍で評価された場合）	
時価総額	150億円（理論値）
売上	20億円
利益	5億円
利益率	25%（潜在）
PER	30倍

　つまり、E社はF社と比べても、実質的にはかなり割安で、有望な投資対象だと結論づけられるのです。

　E社のように将来への先行投資（広告宣伝費など）によって目先の利益（率）が低いことで、時価総額が低い小型株は常に存在しています。

　こうしたダイヤの原石のような小型株を見つけて、株価が上昇し始めたタイミングで投資をする。これが個人投資家にとって、リスクを抑えつつ効率的な収益を期待できる投資手法です。

伸びしろを予測して
10倍株（テンバガー）へ成長！

　今度は、私が投資した実例をベースに、会社の伸びしろを予測してみましょう。

　2018年に投資した医療情報サイトを運営する東証マザーズ上場「メドピア」（6095）です。

　このときは東証1部上場の業界トップ「エムスリー」（2413）という会社と比べました。2社の比較は、次の通りです（2018年2月時点）。

メドピア（6095）

時価総額	81億円
売　上	20億円
純利益	2億円

エムスリー（2413）

時価総額	1兆3441億円
売　上	994億円
純利益	195億円

　業界トップのエムスリーと投資対象のメドピアを比べると、時価総額で160倍以上もの開きがあります。これだけでもメドピアに投資したいと思うくらい、未来の可能性を感じます。

　売上は約50倍、純利益は約100倍の開きがあり、いずれにしても桁が1つか2つ違う次元での成長性を感じます。

　この差がなにを意味するかというと、投資対象のメドピアが業界トップのエムスリーからシェア10%でも奪うことができたら、時価総額（株価）が10倍になるということです。

　シェア10%を奪うのは難しくても、シェア1%でも奪えれば時価総額は2倍になる計算です。

　さらに医療関連の情報サイトは、今後も市場が拡大していくと考えられます。もちろん、メドピアの経営陣・事業内容・商品などが素晴らしいという前提もありますが、このような観点から実際に投資しました。

　そして、約2年6カ月後に株価10倍超のテンバガーへと大きな成長を遂げました。

2018年に投資した医療情報サイトを運営する東証マザーズ上場「メドピア」（6095）は、2年6カ月後に10倍株（テンバガー）に！

［出所］SBI証券
2020年10月時点

東証1部に駆け上がる会社の見つけ方

　株式市場には、東証マザーズや東証ジャスダックのような新興市場から東証2部、東証1部まで、さまざまな市場が存在します。

　ニワトリにたとえると、東証マザーズや東証ジャスダックは、これから有望に育っていくヒヨコを売っている市場、東証1部は大きく育ったニワトリを売っている市場です。

　東証マザーズや東証ジャスダックに上場している会社には、これから大きく成長して卵をたくさん産んでくれそうなヒヨコ（小型株）もいれば、ニワトリ（大型株）になる前に成長がとまってしまうヒヨコもいます。

　大きく成長しそうなヒヨコを見つけて買うことで、将来大きく成長したときに大きなリターンを得られます。

　小型株の時価総額は総じて小さいため、大きな資金を投資する機関投資家は手を出しません。なぜなら自分たちが投じる大きな資金で、株価が大きく変動してしまうからです。

　小型株は、少額投資の個人投資家こそ、大きくリターンを得るための絶好の市場でもあるのです。

　一方、東証１部に上場している会社は、上場するために厳しい条件をクリアしているので、卵をたくさん産むニワトリである確率が高くなります。

　ところが、時価総額が大きな会社が多いため、伸びしろでいうと東証マザーズや東証ジャスダックなどの小型株に劣りますが、大きな資産を投資する機関投資家からは注目を集めます。「東証１部以外には投資しない」というルールを設けている機関投資家も多いくらいです。

　そのため、東証マザーズや東証ジャスダックから、東証２部、東証１部へと昇格した会社は、機関投資家という新たな大資金によって投資され、株価が大きく上昇する傾向があります。

　今後、株価が大きく上昇する株を見つけるうえで、「将来、東証１部に上場しそうな会社か？」という視点も大事になります。

　そのためには、東証１部に上場するための条件を把握して、その会社が東証１部に昇格するための行動をしているかどうかを見る必要があります。

➡ 東証1部に上場する条件

☑ 株主数 2200 人以上

☑ 流通株式数 2 万単位以上、もしくは、流通株式数（比率）上場株券等の 35% 以上

☑ 時価総額 250 億円以上

☑ 取締役会を設置して、事業継続年数が 3 年以上

☑ 連結純資産の額が 10 億円以上

☑ 2 年間の利益総額が 5 億円以上、もしくは、時価総額が 500 億円以上

　東証 1 部へ上場するには、このようにさまざまな条件をクリアする必要があります。

「株主数」「流通株式数」「時価総額」「連結純資産」「利益総額」など経営規模の拡大を意識して、社長や経営陣など創業期からの少数の固定株主ではなく、より多くの投資家に買ってもらう施策を積極的に打つことが大切になります。

　株主数を増やすためには、「株式分割」をすることもあります。

　株式分割とは、1 株をより細かく分けて買いやすくすることです。

　たとえば、1 株 1000 円を 4 分割すると 1 株 250 円となり、個人投資家が買いやすくなり、株主数が増えるわけです。

　株式分割をすると、次のように持ち株が変化します（100株保有の例）。

分割前：1株1000円×100株＝時価10万円
分割後：1株　250円×400株＝時価10万円

　株あたりの株価は4分の1に下がりますが、持ち株数が4倍に増えるので、保有株の総価値は変わりません。
　ケーキにたとえると、ホールケーキを1つ持っている状態か、4等分したケーキを持っているかの違いです。数が違っても、ケーキの総量は変わらないのと同じことです。
　市場全体の流通株式数の条件もクリアする必要があるため、創業社長が大株主（たとえば全体の70%など過半数を保有など）の場合、その一部を売却する必要が生じることもあります。

株式分割をしても全体の価値は変わらない

大株主の創業社長が市場で株を売却すると、株価が大きく下がるため、それを防止するために機関投資家に引き受けてもらうこともあります。

　まとめると、東証1部上場を目指す会社の行動は以下の通りです。

→ 東証1部上場を目指す会社の行動

☑ **株式分割を繰り返す**
☑ **時価総額を増やす意図で IR 情報をリリース**
☑ **創業者の持株比率が高すぎる場合は減らす**

　もちろん、諸々の条件をクリアして東証1部上場を果たしても、すべての会社が順調に株価を伸ばしていくわけではありません。結局は、その会社の商品・サービスを消費者に買ってもらえるかが決め手となります。

3

「値上がり株」の
見つけ方

業績がいいのに
株価が低迷している会社は狙い目？

「業績はいいのに、株価はグズグズで停滞気味……」

投資先を探していると、こんな銘柄によく出くわします。一見すると、「みんなが気づいて値上がりする前に買っておくべきかも？」と思いますが、この手の株は、なんらかのきっかけがないと上昇に転じないことが多いです。

株価というものは、どれだけ業績が好調で、会社のポテンシャルが高くても、投資家が実際に株を買わないと値上がりしません。

「業績はいいのに株価が低迷している銘柄」というのは、そもそも「投資家から注目されていない」という状態なのです。

業績がよければ、いつかは投資家に注目されて買われ、株価上昇に転じるかもしれません。そう考えると、やはり株価が低迷しているときこそ、"底値買い"のチャンスとも考えられます。

しかし、1つ大きな問題があるのです。「それがいつになるかわからない」ということです。

場合によっては、注目してから1年以上も株価が低迷したままということがあります。

限られた資金で投資している個人投資家が、その銘柄に投資して1年以上も資金が塩漬けされてしまうということは、「ほかの銘柄に投資をして利益を得る機会」を失うことになります。

では、どうしたらいいのでしょうか？

「業績はいいのに、どうも株価が上がらない」という銘柄は、「株価が上昇トレンドに入ってから買う」と考えましょう。「上がったら買う株リスト」にリストアップしておくのです。

　底値で買うことはできなくても、上昇トレンドに入ってから買うことで一気に上昇株の利益を享受できます。底値買いして天井売りするというのは至難の業。頭（天井値）と尻尾（底値）は捨てて、ある程度の上昇益を得るというスタンスのほうが、結局は効率的な資金運用につながります。

株は上がり始めてから買えばいい

　基本的な投資のベストタイミングは、「出来高」（1日に売買が成立した株数）が増えたうえで、株価が上がり始めたら「買い」です。

　この「株価が上がり始めたら」というのがポイントです。

　株価が上がるときは、必ず投資家の成行「買い」注文が入ります。

●株の2つの注文方法
☑ **指値注文＝値段を「指定して」売買する注文**
☑ **成行注文＝値段を「指定せず」売買する注文（＝いくらでもいいから買う・売る！）**

　「株価が何円でもいいから買いたい」という成行「買い」注文をした場合、いちばん安い株価で「売り」注文していた人と売買が成立します（逆に成行「売り」注文をした場合、いちばん高い株価で「買い」注文していた投資家と売買が成立します）。

　どこかの投資家が成行「買い」注文をして株価が上がったということは、その背景になにかしら株価が上昇し始めるきっかけとなる出来事が起きた可能性が高いです。

具体的には、「決算発表」「新商品発表」「業務提携」などがきっかけとなり、株価が上昇トレンドに入ることがよくあります。

「株は上がり始めてから買う」 というルールは、しっかりと心に刻んでおきましょう。

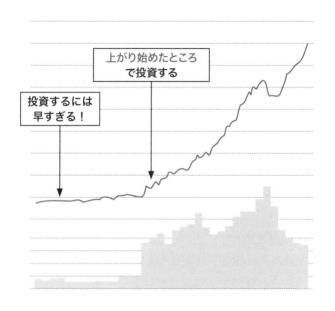

上がる株は上がり続け、下がる株は下がり続ける

株は「上がり始めたら買う」「下がり始めたら売る」というのが鉄則です。

「上がる株は上がり続け、下がる株は下がり続ける」というのは、株式投資の法則ともいえるのです。

この本質をきちんと把握せず、「ちょっと値上がりしただけで売る」「値下がりしても反転を期待して損切りしない」などと、逆の行動をとる投資家がとても多いです。

このような投資スタイルでは、儲けが少しで損ばかりが大きくなり、トータルで大きく損をしてしまいます。

72ページのイラストをご覧ください。上昇トレンドの株があったとします。この株に多くの投資家が投資をしていますが、チャートのどこでこの株を買ったとしても「全員が儲かっている」ことがわかります。

上昇株は投資家の注目を集めるため、その株を買う投資家がどんどん増えてきます。その株をすでに保有して含み益を得ている投資家も、上昇トレンドのときは強気のため、「もっと高値じゃないと売らないよ」というムードになります。そのため、「上がる株はさらに上がり続ける」ことになるのです。

一方、株価が下がり続けている株の場合、株価チャートのどこでこの株を買ったとしても「全員が損をしている」ことがわかります。株価が下がっている銘柄は、ほかの投資家も「もっと値下がりするのでは？」と手を出しにくいため、新規の買いが入りにくい状況が続きます。

すでにその株を保有している投資家も、日に日に値下げして弱気になっているため、「もう売ってしまおう」というムードになります。こうして、下がる株はさらに下がり続けることになるのです。

「上がり始めたら買う」「下がり始めたら売る」と同じような理屈で、「一度飽きられた株は、もう戻らない」という株式投資の法則もあります。

上昇トレンドが続いていた銘柄が、一度下降トレンドに入ってしまうと、それまで強気で株を買っていた投資家が途端にいなくなるのです。

すでに株を保有している投資家も、含み益がどんどん減っていき、買ったタイミングによっては含み損を抱えるようになります。そうなるとみんなが一気に弱気になって、「早く売ってしまおう」という流れになり、さらなる下降トレンドに突入するのです。

一度上昇トレンドが崩れてしまい、下降トレンドに入ってしまうと、なんらかの新たな好材料が出ない限り株価は低迷し、もう戻らない傾向が強いです。いずれにしても、「株は上がり始めたら買い、下がり始めたら売る」ことを徹底しましょう。

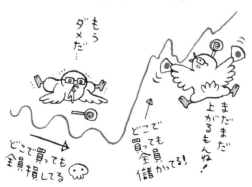

株は上がり始めたら買い、下がり始めたら売るのが鉄則！

急に上がった株は急に下がる

　投資を始めたばかりの人は、1週間や2週間といったほんのわずかな期間で「一気に儲けてやろう」と考えているケースも多いようです。確かに、1年かけて株価3倍になるよりは、1週間で株価3倍になってくれたほうが投資効率としては圧倒的にいいです。

　しかし、よく考えてみてください。株価が3倍になるということは、時価総額も3倍になるということです。時価総額100億円の会社の株価が3倍になるということは、その会社の時価総額が3倍の300億円になるということです。

　その200億円増えた時価総額というのは、その会社が世の中に与えた「価値」と理論上、イコールでなければいけません。

　会社の業績がグングン伸びて、半年とか1年かけて世の中に200億円分の価値を提供し、時価総額が3倍になるのであれば理解できます。しかし、たった1週間で200億円の価値を世の中に提供するのは、現実的ではありません。

　実際には1週間や2週間といった短期間で株価が3倍になることはあり得ますが、それは実体をともなわない投資家の「期待」によって買われているからです。

　株価は投資家の思惑や推測によって株が売買されることで、実体をともなわない状態で乱高下するものです。

　たとえば、ある会社の業績に追い風になる新商品発表のニュースが流れると、「これは業績が上がりそうだ！」と、商品発売前で実際には業績が上がっていないのに、多くの投資家が株を買い、株価が急上昇することがあります。

その上がった株価を見て、より多くの投資家が「いま買わなければ、もっと値上がりしてしまう」と焦って買いが集まります。

　そうした投資家の期待から株価が急上昇した銘柄には、その上昇トレンドに便乗してデイトレーダーも参戦してきます。

　こうして「買い」が「買い」を呼び、株価がごく短期間で急上昇するのです。

　しかし、**ごく短期間で一気に上がった株は、同じくらい短期間で一気に下がるリスクも秘めています。**

　1年かけて3倍になった株が1週間で半値に急落することは、よほどの大きなマイナス要素が発生しない限りありません。しかし、1週間で3倍に急騰した株は、1週間で半値以下まで急落することがよくあります。

　なぜなら、実体をともなわない「期待」だけで株を買っている投資家は、感情任せで慌てて株を売買するような思考を持ち合わせているからです。

　株価が上がっているときは感情任せに買い、株価が下がり始めたら感情任せに売るような属性の投資家が集まると、急激に上がって急激に下がるジェットコースターのような値動きをします。

　ただし、ごく稀に短期間で急上昇しても、急落しないケースもあります。それは「好業績に下支えされた実体をともなう株価上昇」です。

　株価の急上昇で増えた時価総額と同等の価値を世の中に提供できていることが、業績によって裏づけられているとき、株価は急落しにくくなります。

　新商品発表がきっかけで、株価が急上昇したとしましょう。このときに会社の時価総額が50億円増えたとします。この新商品によっ

て、会社が提供する価値が 50 億円以上増えるのであれば、この上
昇は実体をともなう上昇といえます。

　しかし、いくら派手な新商品を発表したとしても、まったく売り
上げが増えず利益も出ないのであれば、株価の急上昇は「投資家の
期待による一時的な需要の急増」にすぎないため、すぐに元の価格
か、それ以下まで急落することになります。

　**急上昇した株価は、上昇した時間と同じだけの時間で、急落する
リスクが高いことを認識しておきましょう。**

株価急落4つのシグナル

　株価急落に巻き込まれないために、次の 4 つの前兆を知ってお
きましょう。

株価急落の4つのシグナル

☑ **株価が急騰したとき**

- -

☑ **PER（株価収益率）が高くなりすぎたとき**

- -

☑ **PBR（株価純資産倍率）が高くなりすぎたとき**

- -

☑ **信用倍率（信用取引における信用買い残÷信用売り残）が
高くなりすぎたとき**

株価が急騰したとき

　株価が急騰したということは、その株を焦って買った投資家がたくさんいるということです。そういう投資家は一転して株価が下がり始めると、今度は焦って売る傾向が強いです。つまり、急騰した株価は、その後、急落するリスクが高いのです。

　大きな出来高をともなって急騰した株には、デイトレーダーも参入してきます。株価上昇に便乗して1日に何度も「売買→利益確定」を繰り返し、「利ざや」（売値と買値の差額で生じる利益）を積み上げようとする投資家たちです。

　デイトレーダーは、株価が下落局面に入ると、ここぞとばかりに売りから入ってきます。これがさらなる株価の下落を助長することになるのです。

PER（株価収益率）が高くなりすぎたとき

　PERは「現在の株価」を「1株あたりの当期純利益」で割った数値です。つまりは「その会社が1年間に稼ぎ出す1株あたりの純利益に対して、現在の株価が何倍なのか？」を示します。「1株あたりの当期純利益」は「EPS」とも呼ばれますが、平たくいうと「1株持っていたら純利益をいくらもらえるか」を意味します。

$$\text{PER（株価収益率）} = \frac{\text{時価総額}}{\text{年間の純利益}}$$

平均的な PER は 15 倍程度とされており、この値が低ければ低いほど株価が割安とされています。PER が高くなりすぎると、多くの投資家が「割高だ」と判断して、その株が売られやすくなります。

ただし、PER はあくまで「いまの利益と時価総額」をもとに算出されるため、将来大きく成長する見込みのある会社は常に PER が高い状態で推移することもあります。

たとえ現在の PER が 100 倍という高水準でも、その会社の 3 年後の利益が 10 倍になるとしたら、3 年後の将来 PER は 10 倍という水準になります。

一方、現在の PER が 10 倍だとしても、3 年後に利益が 10 分の 1 になってしまうような会社だと、3 年後の PER は 100 倍と非常に割高になります。

そのため、一概に「いまの PER」だけをみて、高い安いを判断するのではなく、「将来的にどこまで成長するのか?」という視点で、3 年後の PER を基準に考えるようにしましょう。

✅ PBR（株価純資産倍率）が高くなりすぎたとき

　PBR は「現在の株価」を「1 株あたりの純資産」で割った数値です。つまるところ「その会社の 1 株あたりの純資産に対して、現在の株価が何倍なのか」を示します。「1 株あたりの純資産」は「BPS」とも呼ばれますが、平たくいうと「1 株持っていたら純資産をいくらもらえるのか」を意味します。

　平均的 PBR は 1.2 倍程度とされており、この値が低ければ低いほど割安とされています。 PBR が高すぎると、多くの投資家が「割高だ」と判断して、その株が売られやすくなります。

　ただし、この PBR という指標はあくまで、その会社の保有する「お金に換算できる資産」をベースに算出されます。

　たとえば、オンライン通販事業を展開している会社であれば、その会社が保有する現金や商品の在庫は PBR の算出に反映されますが、ウェブサイト自体のブランド価値やページビューなどは反映されません。

　そのため、一概に PBR が高いからといって割高と判断するのではなく、「お金に換算できない資産」にもきちんと目を向けるようにしましょう。

$$\text{PBR} \text{（株価純資産倍率）} = \frac{\text{時価総額}}{\text{保有する純資産}}$$

☑ 信用倍率（信用取引における信用買い残÷信用売り残）が高くなりすぎたとき

ちょっと難しくなりますが、がんばってついてきてください。

信用倍率というのは、「信用取引」における「信用買い残」を「信用売り残」で割った数値です。「1倍を上回るほど買い残高が多く」「1倍を下回るほど売り残高が多く」なります。

信用取引というのは、証券会社に担保（保証金）を預けて、その金額の3.3倍（ネット取引は約2.85倍）までのお金や株券を借りて株式を売買することです。

たとえば自己資金100万円を預けて、信用取引で300万円の株を買ったとします。その株が10%上がれば30万円の儲けになりますが、30%下がれば90万円の損失が出ます。

ちょっとした値動きで利益・損失とも大きくなるため、扱いには注意が必要です。

信用買い残というのは、信用取引で買いつけた株が未決済（未返済）で残っている金額のことです。信用取引は証券会社にいわば借金して株を買うので、信用買い残が多いと「株価が上がることを期待している投資家が多い」と予想されます。

信用売り残というのは、信用取引で売った株が未決済（未返済）で残っている金額のことで、「空売り」とも呼ばれます。空売りは株価が下がるときに差益を得られますから、信用売り残が多いと「株価が下がることを期待している投資家が多い」と予想されます。

このように信用倍率は、株式市場における投資家の動きを読みとれる数値とされています。

信用倍率が1倍を大きく上回るということは、信用取引で買っている投資家が多いということです。

信用取引は証券会社からの借金であるため、金利がかかります。そのため現物で株を保有するのに比べ、株の保有コストが発生するため、より短期間のうちに売られる傾向があります。

　つまり、**信用取引で買っている投資家が増えてきたということは、「近い将来その株が売られる」可能性が高くなったということなのです。**

$$信用倍率 = \frac{信用買い残（株数）}{信用売り残（株数）}$$

　さて、私は投資家のみなさんから「PER や PBR は何倍以上になったら急落リスクが上がるのですか？」「信用倍率は何倍以上が危険信号ですか？」という質問をよく受けます。

　ここまで具体的に解説してきていうのもなんですが、こうした指標だけで絶対的な判断を下すのは危険です。

　あくまでも目安でしかなく、状況によっても変わるので、一概に「何倍以上は危険です」とはいえないのです。

　考え方としては、「風船」をイメージするとわかりやすいです。それぞれの数値が高い状態は、風船に空気がパンパンに入って膨らんでいるイメージです。

　風船が割れる（＝株価急落）のは、どの時点か明確にはいえませんが、パンパンに膨らんでいるということは警戒したほうがいい。そんなふうに考えるのです。

　風船にパンパンに空気が入っていると、いつ風船が割れても（株

価が急落しても）おかしくない状態ではありますが、意外とさらに空気が入る可能性もあるのです。

「どのくらい空気が入るか？」「いつ風船が割れるか？」は、風船（銘柄）の個体差や、そのときの周囲の環境や条件によっても変わってきます。

このように指標の数値を絶対視せず、あくまで「そろそろ危なそうだな」といった具合に目安にしておくのが妥当です。

PER100倍超で超割高とされる会社でも、そこから株価が2倍になることもあります。一方、PER10倍程度で割安とされる会社でも、そこから業績が悪化して株価が急落するケースもあります。

信用倍率も、あくまで「その時点で見えているポジション」にすぎません。仮に信用倍率10倍と指標上は株価が下がることが予想されても、そこから新規の信用買い注文がたくさん入れば株価はさらに上がります。

逆に信用倍率1倍未満で、指標上は株価が上がることが予想されても、そこから新規の信用売り注文が入れば株価は下がります。

結局のところ、「その銘柄をそろそろ売りたいと思っている投資

指標の数値が低いときも高いときも参考程度にとらえておこう

家」が「その銘柄を新たに買いたいと思っている投資家」を大幅に
上回ったときに、株価は急落するということです。

　株価が急騰した銘柄に対して、「この銘柄を新たに買う投資家が
どれだけ残っているだろうか?」「値下がりしたときに投げ売りす
る投資家がどれくらいいるだろうか?」という目線で考えるといい
でしょう。

● トレーダーを含む短期的な目線の投資家
◎ 本質的な価値に着目する中長期的な投資家

　こうした投資家の注文が混ざり込んで、株価は形成されています。
将来、本質的な価値に着目する中長期的な投資家が買いそうな銘柄
であれば、まだ伸びしろはあるでしょう。

　しかし、中長期的な投資家がすでに手を引いていて、トレーダー
を含む短期的な目線の投資家だけが群がっているような銘柄に投資
をするのは、大きく資産を減らすリスクも同時に負ってしまいます。

株価上昇4つのシグナル

　株価上昇には、その会社の業績アップ、もしくは、実際に業績アッ
プしていなくても「業績アップしそうだ」と投資家の期待を集める
必要があります。

　**投資家の買いをうながすきっかけの1つに「業績上方修正」の
発表があります。**

　上場企業は、定期的に業績予想を発表していますが、上方修正と

は「発表済みの業績予想を上回る業績が出そう！」と発表すること
です。逆に「予想より業績が悪化しそう……」と発表するのは「下
方修正」です。

　上方修正が発表された会社の株価は、その発表をきっかけに上昇
トレンドになることが多いです。逆に下方修正を発表すると、下降
トレンドになることが多いです。

　上方修正のシグナルをうまくキャッチすれば、いいタイミングで
株価の上昇トレンドに乗ることができます。そして、いち早く上方
修正をキャッチするには、以下のシグナルを捉えることがポイント
になります。

業績上方修正4つのシグナル

☑ **業績進捗率の高さ**

☑ **オフィスの拡大**

☑ **採用数の増加**

☑ **広告宣伝費の増加**

　上方修正の前兆として、いちばんベーシックで精度が高いのは「業
績進捗率」です。業績進捗率とは、四半期決算や中間決算の時点で、
通期の事業計画に対してどれだけ業績を達成できているかをパーセ
ンテージ（％）で表したものです。

たとえば、中間決算時の業績進捗率が80%だったとします。上半期だけで80%達成したということは、同じ業績を下半期もキープできれば、単純計算で業績達成率は160%。高い確率で通期の業績予想を上回りそうです。

　このように業績進捗率に注目するだけでも、これから上方修正を発表しそうな会社を見つけることができます。

　業績進捗率以外にも、「オフィスの拡大」「採用数の増加」「広告宣伝費の増加」なども上方修正のシグナルになります。

　オフィスを拡大したり採用数を増加したりするのは、少なくとも業績が伸びていないとできない判断です。広告宣伝費の増加も、好調な商品・サービスの売上をさらに拡大するためのケースがほとんどなので、上方修正のシグナルになり得ます。

　ただし、こうしたポイントが上方修正のシグナルとなり得るのは、「まともな経営者」が「まともな経営判断をしている」ということが前提になります。

　経営者もさまざまですから、なかには業績が伸び悩んでいるにもかかわらず、オフィスを拡大したり、大量に新規採用したり、大量の広告宣伝費を投下したりするケースもあり得ます。一歩間違えると会社の存続すら危うくなる可能性すらあります。

　そのため、上記のポイントがあてはまるから「買いだ！」と単純に判断するのではなく、経営者のインタビュー動画や記事をネット検索するなどして、「怪しさや違和感のある人物ではないか？」「過去に妙な行動で騒ぎを起こしていないか？」といったことをチェックしておくことも大切です。

実例で見る株価上昇パターン

　ここからは、私自身が投資した小型株の実例を紹介します。どのようなきっかけで目をつけ、検討し、実際に投資したのか？　当時のメモなどを用いて、リアルタッチに解説していきたいと思います。

　目をつけたのは「Lib Work」という会社です。

Lib Work（1431）

熊本、福岡、佐賀が地盤の注文住宅メーカー

上　場　東証マザーズ（2019年6月18日）

時価総額　約50億円（着目した2019年8月時点）

売　上　65億9700万円（2019年6月期）

営業利益　5億3200万円（同上）

→ 特徴

社長が九州だけでなく全国展開を目指すことに言及している。従来の注文住宅の集客はコスト高のモデルハウスが中心だったが、集客をインターネットへ移行して大幅なコストダウンを実現。注文住宅の企画・設計から販売・施工・監理までネットで手がける。今後の展望に「民泊事業」「空き家活用事業」「街づくり事業」などを掲げている。

→ 考えられるリスク

日本の人口は減少傾向なので、注文住宅業界全体の市場規模は拡大しにくい。その状況でどれだけ同業他社と差別化して、

顧客に価値提供し続けられるかがポイント。事業急拡大による商品・サービスの品質低下が懸念される。事業拡大するにしても、九州地方での手法が、全国で通用するかどうかは未知数。

→ 全体的な投資イメージ

●投資する理由は？

それまで株価がグズグズと低迷していたにもかかわらず、2019年8月9日に発表した過去最高の決算報告をきっかけに投資家の注目を集め、500円台で推移していた株価が出来高増加をともない急上昇。こうしたケースから株価が2倍、3倍へと大きく化けるパターンはよくあるので期待が高まる。2019年8月16日付のIR（投資家向け広報）で、平均取得価格1800円（同日の株価は984円）の自社株買い（自己株式取得）を発表。株価上昇のさらなる好材料となる。

●展開するビジネスの市場規模は？

住宅業界の市場規模はリフォームなど関連企業を含めると約45兆円。これは国家予算の約半分と同じ規模の巨大市場だが、Lib Workの時価総額（約50億円）はまだまだ小さく、伸びしろが大きい。九州3県を地盤とする住宅メーカーにしては、売上と利益の伸び率が異常に高く、同業他社と比べても成長余力が大きい。創業社長の瀬口力氏が大株主であり、リーダーシップのある経営でさらなる株価上昇が期待できる。

●投資期間はどのくらいか？

注文住宅の企画・設計から販売・施工・監理までタイムラグがあるビジネスモデルなので、通常より少し長めの2〜3

年のスパンでの投資を想定。ただし、1年で株価10倍のテンバガーを超えるようなことがあれば、短期間で盛り上がりすぎだと判断して売ることも想定する。

● **時価総額の上限はどのくらいか？**

投資家向け説明会で2023年に時価総額500億円を目指すと発表。手堅くいくなら、時価総額がその半分程度の200億～300億円で売ることを想定する。ただし、その時価総額になるときには、会社の経営状態や市場環境が大きく変化している可能性が高いので、その変化を織り込みつつ、会社の成長上限を見極めていく。

● **時価総額の下限はどのくらいか？**

仮に売上高が30％ほど下落したとしても、ある程度の利益確保はできそうなので、いきなり倒産する可能性は低い。また、上場直後（2019年6月）の株価水準まで下落したとしても、時価総額は30億円程度。下限リスクは–30 ～–40％程度を許容範囲として設定する。

● **損失リスクの許容範囲は何％で、何％のリターンを狙うか？**

上場直後の低迷していた時期の水準までリスクを許容する場合、最大損失は–40％。一見すると、かなり大きなリスクのようだが、時価総額と市場規模からするとリターン10倍（テンバガー）を狙える。

● **投資の期待値はプラスか？**

これまでをまとめると、損失リスクは–30 ～–40％程度、期待リターンは＋4～＋5倍（最大10倍超）となるため、期待値はプラス。

→ 予想通り株価が上がったとき
● 株を持ち続けるとしたらどんな条件を満たしたときか？
- ・会社の業績が順調に伸びている
- ・創業社長が現役で経営を直接行っている
- ・株価が上昇トレンドで右肩上がりを維持している
- ・まだまだ会社や商品サービスの知名度が低い状態にある

● 株を売るとしたらどんな条件を満たしたときか？
- ・創業社長が退任した
- ・経営陣が自社株を売り始めた
- ・業績の伸び率が明らかに鈍化してきた
- ・会社の商品サービスの品質が明らかに落ちてきた
- ・何らかの外的要因で会社の商品サービスが売れなくなった
- ・目標とする時価総額を超えた
- ・会社や商品サービスが世の中に知れ渡った
- ・ほかにもっと投資したい銘柄が現れた

→ 予想より株価が伸びないとき
● 株を持ち続けるとしたらどんな条件を満たしたときか？
- ・会社の業績が順調に伸びている
- ・長期移動平均線の上で株価が推移している

● 株を売るとしたらどんな条件を満たしたときか？
- ・会社の業績が伸び悩んできた
- ・株価チャートが下降トレンドになった
- ・ほかにもっと投資したい銘柄が現れた
- ・株価横ばいが長く続いて投資家がずっと注目していない

→ 予想に反して株価が下がったとき

● 株を持ち続けるとしたらどんな条件を満たしたときか?

・株価下落の原因が一時的なもの

・業績が順調に伸びている

・より長期間で見れば上昇トレンドが崩れていない

・事前に想定していた値動きの範囲内である

● 株を売るとしたらどんな条件を満たしたときか?

・長期移動平均線を割り込んで2〜3日で株価が戻らない

・明らかに下降トレンドに入った

・株価下落の原因が会社の業績に致命的なダメージを与えた

・損失が30%を超えた

● 問答無用で売るときはどんなときか?

・業績がこれ以上伸びないと判断

・想定していた時価総額を短期間で超えた

・半値以下まで株価急落リスクがあると判断

・粉飾決算や違法行為など会社に致命的な欠損が生じた

大株主

株主名	持株数・持株比率
CSホールディングス	2,021,510 (37.29%)
瀬口力	680,000 (12.54%)
瀬口悦子	671,200 (12.38%)
自社従業員持株会	184,600 (3.41%)
瀬口瑞恵	160,000 (2.95%)
BNY GCM CLIENT ACCOUNT JPRD AC ISG (FE-AC)	155,800 (2.87%)
自社（自己株口）	136,000 (2.51%)
井手尾環	96,800 (1.79%)
藤樫勇気	60,900 (1.12%)
酒巻英雄	42,000 (0.77%)

（2020年6月30日時点）

Lib Workの業績推移

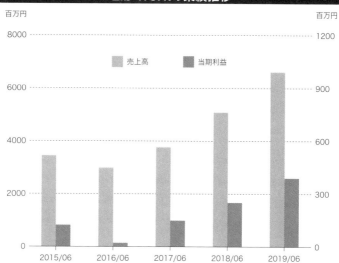

※損益計算書ベースの数値とは合計が異なる場合があります。

業界比較

会社名	時価総額	売上高	営業利益
大和ハウス工業 **(1925)** 2020年3月期 (連結)	2兆4800億円	4兆3802億円	3811億円
タマホーム **(1419)** 2020年5月期 (連結)	560億円	2092億円	99億円
ミサワホーム **(1722)** 2019年3月期 (連結)	492億円	3993億円	84億円
Lib Work **(1431)** 2019年6月期 (単独)	50億円	66億円	5億円

お名前：瀬口力（セグチチカラ）

肩書き：代表取締役社長

プロフィール

山鹿市鍋田出身。

1973年12月14日生まれ45歳。

熊本大学大学院法学研究科終了。

同院在学中の1999年、同社の前身 (有)瀬口工務店に入社、翌年代表取締役社長に就任。

就任以来インターネットを活用した集客戦略に注力。

全従業員の約半数を女性が占め、女性活躍の企業として経産省の「ダイバーシティ経営企業100選」を受賞。

請負金額から200万円の値引きが受けられる「住宅モニター制度」の実施、「無印良品の家」の営業権の取得、全棟「VR」での体験型提案など様々な改革を起こす。

趣味は「アイデアの素」となる読書。

上 場 会 社 名　株式会社 Ｌ ｉ ｂ　Ｗ ｏ ｒ ｋ

代 表 者 名　代表取締役社長　瀬 口　力

（コード番号：1431　東証マザーズ・福証 Q-Board）

問 合 せ 先 責 任 者　取締役管理部長　櫻 井　昭 生

（TEL. 0 9 6 8 - 4 4 - 3 5 5 9）

自己株式取得に係る事項の決定に関するお知らせ

（会社法第 459 条第 1 項の規定による定款の定めに基づく自己株式の取得）

　当社は、2019 年 8 月 16 日開催の取締役会におきまして、会社法第 459 条第 1 項の規定による定款の定めに基づき、自己株式を取得することを決議いたしましたので、下記のとおりお知らせいたします。

記

1．自己株式の取得を行う理由

　　当社役職員に対するインセンティブ・プラン並びに経営環境の変化に応じた機動的な資本政策の遂行を目的としています。

2．取得に係る事項の内容

　　（1）取 得 す る 株 式 の 種 類　　当社普通株式

　　（2）取 得 す る 株 式 の 総 数　　50,000 株（上限）

　　　　　　　　　　　　　　　　　（発行済株式総数（自己株式を除く）に対する割合 1.9%）

　　（3）取 得 価 額 の 総 額　　90,000,000 円（上限）

　　（4）取　　得　　期　　間　　2019 年 8 月 20 日～2019 年 12 月 23 日

　　（5）取　　得　　方　　法　　東京証券取引所における市場買付

[出所] Lib Work ホームページ

実際にLib Work株に投資した後、私が「株主総会」に出席した
ときのメモを公開します。

●株主総会メモ

（2019年11月20日、株主総会に出席した際のメモです）

・社長は熊本から出たことがない

・株価が上がってきて相対的に優待にメリットがなくなってきたから分
　割した

・株価は経営者の責任

・4年前に福岡証券取引所に上場したときの時価総額は9億円

・もともと法学部で弁護士志望だったところから父親が経営していた会
　社を継ぐ

・ただ戸建て住宅を建てるのではなく人の新しい生活を創る会社である

・戸建ては今後減っていく

・地方に住んでいると人がどんどん減っているのを実感する

・ネット集客が得意な住宅会社

・25歳で社長に就任してから約15年

・ネットで集客してモデルハウスで体験してもらうことで成約率が上昇

・複数のカテゴリサイトを展開して広告を打つ

・専門サイトを量産して、その専門サイトにピッタリマッチした人に
　マッチした広告を出す

・本当によい物件はネットには絶対出ない

・アットホーム（注:不動産情報の総合サイト）の情報は売れ残り

・e土地net（注:熊本県・福岡県・佐賀県・大分県の土地情報検索サイト）
　は手数料がかからないのでよい物件も載る

・投資で土地を買いたいという人は地方にはほぼいない

・株主に直接会うのは今回が初の試み

・関東にも展開していこうと当然考えている

・大手はモデルハウスのVR（注:仮想現実）のみだけど、Lib WorkはすべてのすべてのにVRを提供している

・ユニクロ（注:ファーストリテイリング傘下）と組んだら面白そう

・自社だけでできることは限界があるので、いろいろな会社と組んでやっていきたい

・すでに何社かと組んでいく話が進んでいる

・みなさんが「あっ！」と驚くような会社とも話を進めている

・社員の半数以上が女性

・本社からコンビニまで歩いて30分、バス停まで歩いて30分

・いまの会社規模は150名、今期は27名の新卒、来年は50名の新卒を採用予定

・施工前に7割のお金をもらうのでキャッシュフローが潤沢にまわる

・いまの戸建て市場でのシェアは0.1%

・東証1部を目指すために東証マザーズに上場した

・現段階ではすぐに東証1部というよりマザーズで存在感を出すことを考えている

●質疑応答の内容

Q ネット集客が伸びている理由は？

A ネット集客はもともとうまくいっていたが、モデルハウスがなかったので成約率が低かった。その後、モデルハウスを建てたらものすごく成約率が上がった。

Q 今後全国へ展開していくときの施策は？

A ほかの会社と協業する。建物も重要だが土地も非常に重要。どの土地が人気かの情報をe土地netから仕入れている。

Q 今後の方針は？

A 全工程を内製化する必要があると思っている。新卒で大工を採用して3年間給料を払いながら修業させている。現場監督を置かず、全現場をみんなが見れる仕組みを導入している。チェックリストを導入して確認ポイントをシステム化している。

Q ベンチマークにしている競合他社はあるか？

A 他社はあまりベンチマークにしていない。アマゾン、ユニクロなど異業種の会社に注目して、なにか盗めないかを考えている。

Q 新卒の社員にどんな仕事をさせるのか？

A ネット集客した後、実際にアテンドする営業を新卒が担当。新卒を採用する理由は給料を気にせず、夢に共感して入ってきてくれるから。中途採用は条件面を気にする人が多い。最近、ユーチューバーだった新卒が入ったので、来年あたりYouTubeチャンネルができると面白そうだと思っている。全社員の構成は、総合職46名、事務職4名、大工1〜2名で、総合職の半分は営業、半分は設計や企画、内部的な仕事。

Q モデルハウスに実際に泊まらせてみては？

A やります！

Q口コミへの対応は？

A業績拡大の肝は、お客さんの口コミだと考えている。お客さんが満足

できなかったら、それは全部自分たちの責任。

Q時価総額で目指している規模は？

A東証1部上場を意識しながら、まずは時価総額500億円を遅くとも5年

以内に目指す。

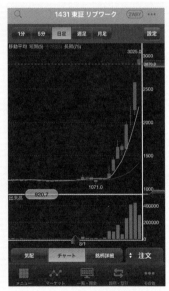

［出所］マネックス証券

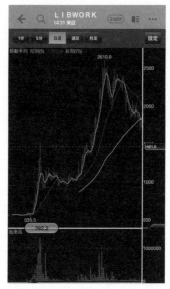

[出所] マネックス証券

買った後は
1日1回の株価チェックでOK

株を購入した後は、どのようにすればいいのか？

日・月・四半期・年ごとにするべきことを見ていきましょう。

☑ 株を買った後は、1日1回株価チェック

　出来高増加をともなった株価急落など、異常が生じていないかを確認します。通勤や移動、ランチや休憩のときにでもチェックしましょう。

☑ 株価の急騰や急落がなければ、そのままスルー

スマホにアプリ登録しておけば、1分もかからず簡単にチェックできます。もし株価に異変が生じていたら、「緊急モード」に切り替えて、さらにチェックします。急激な値動きが生じたときは、なんらかの情報が出ている可能性が高いです（この場合、次に説明する会社HPの「IR情報」をチェックするといいです）。

☑ 月1回は、会社HPに載っている「IR情報」をチェック

他社との提携や、新商品・サービス、自社株買い、株式分割などの重要な情報は、IR情報をチェックしておくことで、ほぼ網羅できます。先ほど触れたように、毎日の株価チェックで急激な値動きがあった場合は、その都度、IR情報をチェックしましょう。

☑ 四半期ごとの「決算説明会」、年1回の「株主総会」の日程は、「Googleカレンダー」などに入力してあらかじめ予定に組み込む

決算説明会や株主総会の資料がリリースされたら、目を通しておきます。特に決算説明会の資料は、個人投資家が読んでもわかりやすいようにまとめられているので必読です。決算説明会は会社HPで動画とともにアップされているケースも多く、社長や財務・IR責任者の雰囲気が伝わってくるのでおすすめです。

☑ 月1回を目安に新たな投資対象を探しつつ保有株を「定点観測」

飲食チェーンを展開する会社なら店舗数の伸び、スマホゲームを展開する会社ならゲームアプリのダウンロード（DL）数やアクティブユーザー数の伸びなど、それぞれのビジネスで主だった数値が順調に推移しているかをチェックします。

✅ 年1回の株主総会はできるだけ参加

　私が集中投資をおすすめしているのは、投資先を絞ることで、株を買った後も情報を丁寧にチェックすることができるからです。株主総会の模様も会社HPで動画配信されるケースが多いのですが、オンライン上で得られる情報と、実際に会場に足を運んで得られる情報とでは、情報の「質」がまったく違います。

　コロナ禍により今後、株主総会がどのように運営されるようになるかは未知数ですが、実際に株主総会の会場に身を置くことで、経営陣のやる気や自信、ほかの株主の雰囲気まで、オンライン上では得られないリアルな情報が得られます。

✅ 「会社四季報」「アナリストレポート」をチェック

　「会社四季報」や「アナリストレポート」がリリースされたら、「自分の保有銘柄を第三者がどう評価しているのか？」という視点で確認しましょう。

　アナリストレポートは、ネットで「保有銘柄名」「アナリストレポート」とキーワード検索すれば出てきます。会社四季報は、自分が保有する銘柄のページに目を通しておくだけでもOKです。多くの証券会社は、口座開設者向けに無料で会社四季報の情報を提供しており、スマホアプリで会社四季報が読める証券会社も増えています。

✅ 空き時間に保有株の関連情報をチェック

　日ごろのちょっとした空き時間に、TwitterやGoogleニュースなどで「会社名」「商品名」「社長名」などをキーワード検索して、保有株の関連情報をチェックしましょう。

株購入後のチェックポイント

毎日

● 株価

目的 急激な値動きがあったときに原因を調べる（なければスルー）

緊急モード

・新しいニュースや決算前後で株価が急激に動いたとき
・ストップ高やストップ安のとき　　　　　　　　　　｝もう少し
・保有株の具体的な売りタイミングを探すとき　　　　詳しく調べる

月1回

● IR情報

目的 投資判断を変更するような新情報がないかチェック

● 新たな投資先の掘り起こし
指標のチェック（店舗・会員・ダウンロード数など）

目的 新たな投資対象を見つける
順調に事業が推移しているかをチェック

3ヵ月ごと

● 決算説明会・会社四季報・アナリストレポート

目的 決算前後の値動きを把握
事業の進捗度合いを把握
第三者による評価を把握

毎年

● 株主総会出席

目的 経営陣や社員の雰囲気を知る
参加している個人投資家の属性を知る

空き時間

● TwitterやGoogleニュース

目的 投資判断を変更するような新情報がないかをチェック

Twitterの情報は玉石混淆ですが、投稿者の憶測や保有銘柄の値上がりを誘うような「ポジショントーク」はスルーして、数字的裏づけのある「事実」だけを拾っていけば、Twitterほどリアルタイムで効率よく情報を得られるツールはありません。

　なお、保有銘柄の値動きのクセを把握するためにも、決算前後や新商品・サービス情報などを発表したときは、通常より少し頻度を上げてチェックするといいです。

✅ 月1回は保有株をメンテナンス

　月1回は新しいニュースや株価チャートの形、事業の進捗状況などを投資戦略に反映させてバージョンアップしましょう。これは投資戦略の情報更新の意味合いもあります。

　この月1回の保有株メンテナンスでは、以下を確認しましょう。

→ 月1回の保有株メンテナンス
- その株を買った理由の再確認
- いまからでもその株を買いたいと思うかの確認
- 事業が順調に推移しているかどうかの確認
- 目標とする時価総額までの進捗率の確認
- 投資戦略に変更点がないかの確認（必要に応じて修正）
- 株価チャートのトレンドが崩れていないかの確認
- その株に関する新しいニュースや情報がないかの確認
- 世の中の動きに変化がないかの確認

お金の流れを考えよう

　世の中には「実体経済」と「金融経済」の2つの経済があります。

　実体経済は、私たちが生活するためにお金を使ったり稼いだりする経済圏、金融経済は富裕層や投資ファンドがお金を増やすことを目的にした経済圏です。

　GDP（国内総生産）や貿易収支、CPI（消費者物価指数）などは、すべて実体経済の結果を表す数値です。

　私たちが日常生活で商品を買ったりサービスを利用したりするときのお金のやりとりは、すべて実体経済。毎日の買い物、光熱費、飲食費、交際費、交通費など、目に見える形で商品・サービスとお金を交換するのが実体経済の特徴です。

　一方、生活のために使われるお金ではなく、株式や債券といった金融商品や不動産への投資など、お金を増やすことを目的に行われている金融経済です。

　もともとお金は実体経済を円滑にするために発明されました。物々交換を円滑にし、商品・サービスの価値を測るモノサシとして使われ、保存もきくため、実体経済を回すためにもお金は非常に便利な道具となりました。

　かつての金融業は「金貸し」ともいわれる卑しい職業として認識された時代もありました。1980年代までは実体経済と金融経済の比率は9：1ほどで、お金のやりとりの大部分が実体経済のものでした。

ところが現在ではこの比率が逆転し、実体経済と金融経済の比率は１：９ほどになり、圧倒的に金融経済の規模のほうが大きくなりました。

　「世の中にはお金がジャブジャブに余っている」という話を経済ニュースなどで耳にしたことがあると思いますが、これは実体経済ではなく金融経済の話です。

　2015年に一世を風靡したフランスの経済学者トマ・ピケティ著『21世紀の資本』で有名になった公式があります。

---

r（資本収益率）＞ g（経済成長率）

　「r（資本収益率）＝金融経済」＞「g（経済成長率）＝実体経済」──つまり、実際に人々の生活を豊かにすることを目的とした「実体経済」の成長率よりも、お金を増やすことを目的にした「金融経済」のほうが伸びているということです。

　好景気と不景気は繰り返されますが、世の中に流通しているお金の総量はそんなに変わりません。金融経済では、お金は常に「もっと効率よく儲かりそうな場所」を探し求めて、さまよい続けます。

　世界のどこかで戦争が勃発しようものなら、すぐさま需要増加を見越して原油にお金が流れます（戦争には原油が必要になるからです）。企業の業績がすこぶる好調な

ときは、株式市場にお金が流れますし、先行き不透明に
なったときは、安全資産と呼ばれる国債や金（ゴールド）
にお金が流れます。

　儲かりそうな投資先があれば、われ先にとお金が集ま
り、それがダメになりそうになるとわれ先にとお金が離
れます。こうしてお金が流れる先は価格が上がり、お金
が流れた元は価格が下がります。金融経済の世界に存在
するお金は、こうして常に行き先を求めているのです。

　問題は、この大きなお金の流れが、どこからどこにい
くかです。このお金の流れを読むことが、金融経済を考
えるうえで非常に重要になるのです。

　もともとは実体経済が円滑に回るようにサポートする
目的でつくられた金融経済ですが、いまでは実体経済を
置き去りにどんどん膨張しています。金融経済は実体経
済のサポートではなく、実体経済で活動をしている人た
ちから搾取するための仕組みになってしまっているとも
考えられます。

　そうなってしまった金融経済の是非をここで議論する
つもりはありませんが、そのような世の中の仕組みのう
えでこそ、「投資をする」という選択肢を私たちは考え
るべきでしょう。

4

勝つ投資家は
情報を「捨てる」

勝てる投資家の情報収集術

　このSTEP4では、情報収集の方法についてお話ししましょう。

　現代はインターネットを中心に、慢性的に"情報過剰"の状態が続いています。このような時代は、いかに情報を仕入れるかより、いかに情報を捨てる（読まない）かのほうが大切になってきます。

　「必要な情報を拾う」というより「不要な情報には触れない」というスキルが、現代の情報収集においては大切になってきます。

　スマホを見始めたら、いつの間にか目的とは関係ないページを開いて30分経過していた。そんな経験は、誰にでもあると思います。

　そうならないためにも、「いま、どんな情報が必要で、どんな情報が不要か」をあらかじめ意識しておく必要があります。

　そこで、ちょっとしたレッスンをしてみましょう。簡単な2つのステップを踏むだけで情報収集力が劇的にアップします。

実践ワーク

　次ページの画面を見て、以下の2点について書き出してみてください。

Q1 このなかでクリックする記事は?
Q2 その記事をクリックする理由は?

STEP

4

勝つ投資家は情報を「捨てる」

［出所］SmartNews

さて、いかがでしょうか？

「なんとなく気になった」「キーワードに興味があった」「有益な情報を得られそうに思った」──こんな漠然とした理由でニュースをクリックしていませんか？　暇つぶしで情報を得るならそれでも構いませんが、投資情報を効率的に得るためには、もう一歩踏み込んで考える必要があります。

たとえば、『10万円給付金の使い道 TOP3、3位家賃の支払い、2位自粛期間中の……』の見出しをクリックするとします。投資につなげる目的を持っている人と持っていない人では、この記事をクリックする理由も違ってきます。

→ 投資につなげる目的を持っていない人

・「みんなどんなことに給付金を使っているんだろう？」
・「家賃は確かにわかるなぁ、1位はなんだろう？」

→ 投資につなげる目的を持っている人

・「給付金の使い道次第では、これから株価が上昇しそうな業界や会社を知るヒントになるな」
・「個人消費が盛り上がる業界を知ることができるかも！」
・「給付金が消費でなく貯蓄に回ったら、政府が期待する経済効果は得られないな……」

同じニュースを見るにしても、目的の有無で得られる「気づき」のポイントが違ってきます。

　「投資につなげる」という明確な目的意識を持つことで、投資につながらない情報を瞬時に捨てて、効率よく情報を選択することができるようになります。

　「投資につながるニュースだけチェックしよう」とすれば、たとえばこんなふうにニュースを取捨選択することができます。

アイリスオーヤマが国産マスクの生産能力を1.5億／月に～

☞「マスクの生産がもっと増えれば、マスクの価格も下がりそう。そうなれば、マスク・メーカーの株価も下がるかも」

前川喜平氏9月入学論に～

☞「どうでもいい情報なのでスルー」

4人に1人がテレワーク実施～

☞「テレワークもだいぶ浸透してきたな。オンライン会議が標準化していくとオフィスが不要になって不動産市場が痛手を被りそう。在宅勤務関連の需要が伸びそうだな」

凸版印刷、リノベーションを支援するサービス～

☞「たしかに今後はリノベーション需要が伸びそう。新サービスは気になるけれど、あまり詳しくない業界だから、時間があるときにまとめて調べてみよう」

LINEの暗号資産取引サービス、GW中の入金手数料無料～

☞「どうでもいい情報だから、スルー」（暗号資産は投資対象外なので）

免税品の国内販売を一時許可、韓国～

☞「一時的な対策でしかないのでスルー」

弁護士が心配するコロナで急増する犯罪ランキング～

☞「もし本当なら防犯グッズの需要が増えそう。ただ『心配する』と
いっている時点で、まだ予測の段階だろうから、情報価値は低そう」

20代から始める資産運用ガイド～

☞「こういうタイトルで、あまりいい情報を得たことがないのでスルー
でいいや」

いなげや、20年3月期の営業利益は8億円余りの上振れ～

☞「コロナ禍で外食需要が減った分、自宅の飲食需要が増えているな。
調理器具や家飲みの需要でお酒の売上も増えそう」

Ubar Eatsはどんな人が使っているの？　ニーズ急増～

☞「デリバリーの需要は増えるだろうなぁ。誰が使ってるかは、どうで
もいい情報なのでスルー」

在宅勤務で動画も見放題?!～

☞「オンライン動画コンテンツの需要が増えそう。家で仕事をしなが
らサボる人も増えるから、ネット漫画なども需要が増えそう」

マツダ、ぬり絵～

☞「どうでもいい情報なのでスルー」

ETF銘柄検索サイト〜

☞「ETF（上場投資信託）は投資対象外なのでスルー」

金与正、後継者地位を得る〜

☞「小型株集中投資には、どうでもいい情報なのでスルー」

米スタバ、売上高5%減〜

☞「コロナ禍でほとんどの店舗を閉めたら当然そうなるよね。むしろ5%減で済んでいるのがすごい。このまま閉め続けたら、さらに売上が減って業績も悪化するだろうな」

こんなふうに必要な情報かどうかを瞬時に判断します。不要な情報には、時間を一切かけず、バッサリ切り捨てます。ネットのニュースは、センセーショナルなタイトルでページビュー（PV）を稼ごうとする見出しが多いのですが、中身が全然ともなっていないケースも多くみられます。

ポイントは「あなたが気になるニュース」ではなく「投資につながる可能性のあるニュース」をチェックすることです。

投資情報を読み解く3つのポイント

情報を投資に役立てるためには、「事実」だけを読みとらなければなりません。そのためのポイントは、次の3つです。

情報を読み解く3つのポイント

☑ 「意見」と「事実」を見分ける

☑ 「簡単な言葉」に変換してみる

☑ 「相手の立場」で「なぜか?」を考える

☑ 「意見」と「事実」を見分ける

すべての情報には、情報発信者がいます。客観的に「事実」だけを伝えるように意識して書かれた情報もありますが、情報発信者の意見（主観）が込められたものも多いです。

大切なのは、情報を読む際に「意見」と「事実」を分けて考えるクセをつけることです。株式投資に活かすべき情報は、基本的に「事実」だけです。

特にTwitterやフェイスブック、ブログなど個人の情報発信は、その人の「意見」がまるで「事実」であるかのように書かれていることがよくあります。

自分の保有銘柄の値上がりを目論んで「ポジショントーク」をする人もたくさん見かけます。他人の「意見」ではなく、あくまで「事実」のみを読みとるようにしましょう。

例外として、その情報の書き手のことをあなたがよく知っていて、「あの人の意見なら参考になる」と信頼度が高いのであれば、その人の「意見」を参考にしてもいいでしょう。

☑ 「簡単な言葉」に変換してみる

　どんな情報も簡単な言葉に変換できてはじめて、その情報を「本当に理解できた」ことになります。

　そこで、次のニュースを読んで、簡単な言葉に変換してみてください。

ソフトバンクG、4.5兆円資産売却　自社株買いに2兆円

2020年3月23日 14:07 (2020年3月23日 15:15 更新)

ソフトバンクグループ（SBG）は23日、自己株式取得と負債削減に向けて4.5兆円の資産を売却または資金化すると発表した。中国・アリババ集団や国内通信子会社ソフトバンクなど投資先の上場株が主な対象になるとみられる。調達した資金は最大2兆円の自社株買いのほか、負債圧縮に充てることで財務を強化する。

SBGが投資会社として保有する株式の価値は27兆円を超える。一方、SBG自体の株式時価総額は19日時点で約6兆円と、保有株価値に比べ大幅に割り引かれて取引されていた。こうした市場の低評価を改善するため、保有資産を原資に大胆な自社株買いと負債圧縮に打って出る。

取引は今後4四半期にわたり実施するとした。調達する4.5兆円の資金は、最大2兆円の自社株買いに充てる。これは13日に発表した上限

［出所］日本経済新聞電子版

さて、いかがでしょうか？　このニュースを簡単な言葉に変換すると、たとえばこうなります。

- ●　「保有株を売って、そのお金で借金返済して、自社株を買うよ」
- ●　「27兆円分の株を持っているソフトバンクG（グループ）の評価が、たった6兆円なんて安すぎだから、ボクらは自分で自社の株を買うよ！」

　記事では「資産売却」「負債圧縮」などの会計用語が使われていますが、要するに「保有株を売って、借金を返済して、自社株を買う」というニュースなのです。これくらいまで簡単な言葉に変換するクセをつけると、投資情報の理解度はいっそう高まります。

✅ 「相手の立場」で「なぜか？」を考える

　続いて、このニュースをベースに、相手（ソフトバンクG）の立場になって「なぜか？」を考えてみましょう。このニュースのポイントをまとめると、以下の2点になります。

- ● ソフトバンクGが保有していた株を4.5兆円売る
- ● 保有株の売却益で借金返済と自社株買いをする

　では、ソフトバンクGは、なぜそうしたのでしょうか？
　企業の行動には必ず理由があります。まず、「保有株を売る」という行動ですが、この背景には次の2つの可能性が隠れています。

- 「これ以上保有していても値上がりしないと思うから売る」
- 「現金が必要だから売る」

　ソフトバンクGが保有株の株価がもっと上がると思っていて、すぐに現金化する必要がないのなら、保有株を売却するという行動には結びつかないはずです。

　「保有株を売る」というニュースからは、「いますぐ売る必要がある」という意図がうかがえます。では、なぜいますぐ売る必要があるのでしょうか？

　ニュースでは売却益で、「借金返済」と「自社株買い」を発表しています。

　このように順を追って考えていくと、このニュースの本質が見えてきます。つまり、**保有株を売ってでも「借金返済」と「自社株買い」をする必要に迫られたのです。**

　実はこのニュースが発表されるまで、ソフトバンクGの株価は大きく下がっていました。

　ソフトバンクGは、保有株を担保に銀行からお金を借りて巨額の投資をしていたため、自社株の株価が大きく下がると、担保に入れている株の評価額も下がって、「担保割れ」が生じます。

　たとえるなら、「1000億円分の株を担保に800億円借りていたけれど、株価が半値に下がったので担保価値が500億円になってしまった」ということです。

　500億円分の担保価値を上回る800億円を貸している銀行側からすると、「差額の300億円分の担保を追加で入れるか、現金で300億円を返してくれ」となるわけです。

ソフトバンクGには、それだけの現金がなかったため、保有している株式を売って現金化し、借金返済と自社株買いをすることにしたというわけです。

　借金返済だけでなく自社株買いをしたのは、自社株が値上がりすれば、銀行に入れている担保（株）の評価額も上がるため、差額の追加担保を入れる必要もなくなるというカラクリです（もちろん「自社株が安すぎる」という意図もありますが）。

　もともと今回の借金返済の原因は株価下落ですから、株価を自社で買い支えれば、銀行から「借金をすぐ返せ」と迫られなくなるのです。このニュースの本質をまとめると、次のようになります。

● 「ソフトバンクグループの株価が暴落したことで、銀行から借りていたお金の担保となる株の価値が激減し、すぐに銀行へ追加のお金を入れなくてはいけない状態になった」

　このようにして相手（会社）の立場になって情報を読み解くと、ものごとの本質がみえるようになります。

そのニュースが業績に
どれほど影響を与えるか?

　コロナ禍で、私は次のような質問を受けました。

Q 新型コロナの拡大を背景に大手電機メーカーのシャープがマスクを発売するというニュースを見て、「世の中に需要のある商品」を提供し始めたのだから、株価が上がるだろうと思いました。しかし、株価はピクリとも動きませんでした……これは、なぜなのでしょうか？　マスクの需要が一時的なものだと思われたからでしょうか？

とてもいい質問ですね。「新規事業展開」「新商品発売」「商品大ヒット」といったニュースを見て、株価が上がるかと思ったのに、実際にはほとんど動かなかった。こうした例は、実はとても多く存在します。

　ポイントは、「会社全体の事業規模」と「ビジネス単体の事業規模」とのバランスにあります。

マスクという新規事業の単体商品がヒットしても、シャープのように会社全体の事業規模が巨大だと、業績へのインパクトはごく限られます。すると、株価へのインパクトもごくわずかなものになります。

　「その事業が会社全体の業績に与える影響はどれくらいあるか？」という視点が欠かせないのです。

株価は、その会社全体が生み出す業績に紐づいています。業績が上がれば株価も上がりますが、会社全体の業績が上がらなければ株価も上がりません。

シャープは時価総額約6700億円規模（2020年8月現在）の大型株であり、全体の事業規模に及ぼすマスク販売の事業規模はごく小さなものです。

ニュース価値は高いので会社のPR（宣伝）にはなるものの、株価にはほとんど影響がなかったのです。

これが規模の小さな会社（小型株）であれば、会社全体の業績に対するインパクトも大きくなるため、おそらく株価は上昇したでしょう。

　もう少し具体的に見ていきましょう。

　シャープが発表したマスクの生産数は、第1回（2020年4月27日）が3万箱、第2回（2020年5月6日）が6万箱、第3回（2020年5月13日）が6万箱と、合計15万箱の「抽選販売」でした。

　価格は1箱（50枚入り）2980円（税別）です。これが全部売れたとすると、1箱2980円×15万箱＝4億4700万円。仮に利益率20%とすると約9000万円。このペースで1年間生産したとして年間生産数は約300万箱で、売上約89億円、利益約18億円となります。

　これに対して、シャープ全体の2019年度決算は、売上約2兆4000億円、営業利益841億円となっています。

シャープ

時価総額	6820億円
売上	2兆4000億円
営業利益	841億円

　売上約2兆4000億円、営業利益841億円の大会社に、新たな売上89億円と利益18億円がプラスされたところで、売上にして約0.4%、利益にしても約2%のインパクトしかありません。これが新商品のマスクでシャープの株価が反応しなかった理由です。

　しかし、これがまだ規模の小さい会社（小型株）なら、株価への影響は大きくなります。

まだ規模の小さなA社

時価総額 100億円

売　上 10億円

営業利益 1億円

　売上10億円の小さな会社に、新商品のマスクの売上89億円がドカンと上乗せされると、売上約100億円と一気に10倍規模に急拡大することになります。

　営業利益も1億円だったところに利益18億円が上乗せされ、こちらは20倍規模へと急拡大することになります。

　このA社（小型株）であれば、株価が急上昇するのは容易に想像できるでしょう。

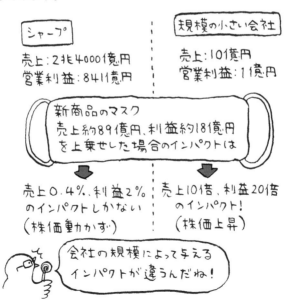

このように、まったく同じニュースを発表したとしても、それを発表した会社全体の事業規模によって、株価の反応はまったく違うものになるのです。

　大企業（大型株）は売上や利益の規模がもともと大きいので、ちょっとした「新規事業」「新商品」では業績に与えるインパクトが限られ、株価も大きく動きません。

　しかし、小さい会社（小型株）であれば、ちょっとした「新規事業」「新商品」に加えて、「他社との事業提携（コラボレーション）」でも、会社全体の業績が急拡大するほどのインパクトが期待できます。

　これが大企業ではなく、小型株に投資をするべき理由の１つでもあります。

株価が下がったら買いのチャンス？

　株式投資の基本は「安く買って、高く売る」ですが、株を「スーパーで惣菜を買う」ような感覚で買っている投資家が多いように感じます。

　惣菜を買う場合、モノが一緒であれば、「値下がりしている＝安い」と判断して問題ないでしょう。

　１つ500円で売っていた惣菜を、閉店間際に半額で買ったら、たしかにお得です。

　しかし、株の場合は違います。どれだけ株価が値下がりしたとしても、その会社の中身が腐っていたら、とても高い買い物をしてしまうことになります。

　株価が高いか安いかは、次のように判断します。

→ 株価が高いか安いかは、こうやって判断しよう

● 高い株 = 未来の会社の価値 < いまの会社の時価総額
● 安い株 = 未来の会社の価値 > いまの会社の時価総額

「金の卵を産むニワトリ」をイメージしてみてください。

1つ1万円で売れる金の卵を毎日1つ産むニワトリが100万円で売られていたとします。このニワトリが安いかどうかの判断は、「いつまで毎日金の卵を産み続けるか?」によります。

1つ1万円の金の卵を100日産み続ければ、買った代金が回収できて、それ以降はずっと儲けになります。若くて元気なニワトリで、今後2〜3年は毎日金の卵を産みそうなら、とても安い買い物になります。

しかし、いつ金の卵を産まなくなってもおかしくなさそうな弱々しいニワトリを100万円で買うのは、買った値段を回収できないリスクを負います。同じように株式投資においても「ニワトリにつけられている値札」より「そのニワトリがいつまで金の卵を生み出し続けるか」のほうが大切なのです。

値下がりするニワトリには、必ず値下がりする理由があります。もしかしたら病気にかかったのかもしれないし、2〜3日に1つしか卵を産めなくなったのかもしれません。

そのため、**値下がりした株を安易に「割安」と決め込んで買うのは危険なのです。**

株価が下がったとしても、しっかりと会社の中身を見極めて、業績に問題がないことを確認してはじめて、その株価が「割安」と判断できるのです。

値下がり後に反発する3つの条件

　コロナ禍に見られた一時的なもののように相場全体が暴落すると、どんな優良銘柄でもつられて株価が下落します。

　保有株がみるみる値下がりすると、つい怖くなってしまって売ってしまいがちですが、そういうときに限って売った直後に大きく反発したりします。

　私自身の経験でも、業績が伸び悩んでいる銘柄は、一度下がるとそのままズルズル下がり続ける傾向があります。しかし、業績がしっかりと伸びている銘柄は、短期的に下がっても30%くらい値を下げたところで底打ちして、上昇トレンドに戻るという傾向が強いのです。

　値下がり後に反発するのは、次の3つのポイントが同時に成立したときによく起こります。

値下がり後に反発する3つの条件

 業績好調でまだ伸びしろのある会社

 チャートは上昇トレンドが続いている

☑ **株価下落の原因が業績とは関係ない**

　医療機関向けオンライン診療アプリ「CLINICS」を運営する東証マザーズ上場の「メドレー」（4480）を例に説明しましょう。

　下のチャートを見てください。株価というものは一直線の右肩上がりを描くのではなく、上がったり下がったりを繰り返しながら上昇していきます。

　株価が数倍になるような銘柄の「上がったり、下がったり」の幅を見てみると、直近最高値をつけた後に30％ほど下げてから、また上昇するというパターンがよくみられます。

　中長期的に大きく伸びる銘柄では、30％程度の株価の上げ下げはよくあることです。株価3倍以上を目指して投資をするときは30％程度の目先の上げ下げは最初からあるものとして心得ておきましょう。

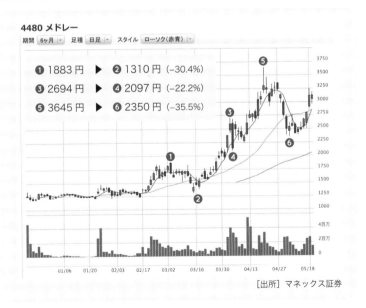

4480 メドレー

期間 6ヶ月 ▼　足種 日足 ▼　スタイル ローソク（赤青）▼

❶ 1883 円 ▶ ❷ 1310 円 （−30.4%）

❸ 2694 円 ▶ ❹ 2097 円 （−22.2%）

❺ 3645 円 ▶ ❻ 2350 円 （−35.5%）

［出所］マネックス証券

あなたは1本300万円の ウイスキーを買いますか？

1本300万円（700ml）のウイスキーがあると聞いたら、あなたはどう思いますか？

税込価格330万円で、100本限定の全数抽選販売。支払いは銀行一括払いのみで、分割払い不可──という条件です。

「1本300万円のウイスキーって、どんな味がするんだろう？」

「誰がそんな高いウイスキーを買うんだ？」

「ウイスキー1本が300万円なんてバカげてる」

──こんな反応がふつうじゃないでしょうか？

もうお気づきの方もいるかもしれませんが、これは2020年2月に販売されたサントリー最高酒齢のウイスキー『山崎55年』の話です。

300万円という価格もさることながら、100本限定の抽選販売への申し込みには、シングルモルトウイスキー『山崎』の思い出や思い入れを400文字以内で記入することも求められました。こうした条件にもかかわらず、この狭き門への申し込みが殺到したのです。

ふつうの感覚であれば、どれだけウイスキーが好きでも、1本300万円の高額なウイスキーを買おうとは思わないでしょう。ところが、ちょっと視点を変えてみると、この値段に対する見方は違ってくるのです。

サントリーは以前にも『山崎50年』というウイスキーを何度か抽選販売しています。2011年に150本限定で販売したときの『山崎50年』は定価100万円でした。

　その『山崎50年』が、2018年1月に香港のオークションに出品され、驚くべき価格で落札されました。

　落札額は、なんと3250万円。100万円で買ったものが、たった7年で32倍以上にも高騰したのです。

　この落札実績から考えても『山崎55年』に今後、相当の高額値がつくことが容易に想像できます。

　そもそも現存する古い原酒を使ったウイスキーは、製造できる本数がかなり限られています。2011年に発売された『山崎50年』は、2011年から50年以上前に樽詰めされた原酒のみでブレンドされていますが、いまから50年以上前の原酒の量を増やすことはできません。

　『山崎50年』が飲まれたり割れたりして、その絶対数が減ることはあっても、増えることは絶対にありません。つまり、時間の経過によって、さらに希少価値が上がるのです。

　◎ 数が限られていて今後増えることがない

　◎ 時間が経過すると価値が高まる

　◎ 欲しがる人が常にいる

　──こうした条件が揃ったものはウイスキーに限らず、有名シャトーのワイン、数量限定のフェラーリ、絵画などの美術品……など、時間の経過とともに価格が上がっていきます。いい状態をキープしておけば、さらなる高値で売ることが可能になるのです。

　イタリアの高級スポーツ車「フェラーリ」を買ってすぐ乗り換える人もいますが、単にお金持ちだからそうしているわけではありません。彼らはこうした相場をよく知っていて、フェラーリを新車で購入してドライブを楽しんだ後、すぐに中古市場で売りに

出します。すると、新車で買ったときの値段より高い値段がつくのです。

　新車のフェラーリの納車は数年先になるので、それを待つくらいなら多少値段が高くても、いますぐ新古車を買いたいという人たちが一定数います。

　ふつうの消費者目線で考えると、「1本300万円のウイスキーなんて高くて買えない」で思考停止してしまいます。しかし、投資家目線で考えれば、「最低でも数千万円の価値があるウイスキーが300万円で買えるなんて安い！」と真逆の発想になるのです。

　ちなみに、この定価300万円の『山崎55年』ですが、その後、2020年8月21日に香港ボナムズで開催されたオークションでは620万香港ドル（約8400万円）で落札されました。

　こうした考え方の違いは、ウイスキーやフェラーリ、美術品に限らず、いろいろなシーンで見られます。たとえば、「六本木ヒルズクラブ」や「アークヒルズクラブ」のように、さまざまな施設を利用できる高額な会員制クラブもそうです。

金額以上の価値があるかどうかが大切！

　アークヒルズクラブは、東京・赤坂にオフィス、住宅、ホテル、コンサートホールなどからなる複合施設「アークヒルズ」の最上階（37 階）に設けられています。

　六本木ヒルズなど都内の高級物件を多数手がける大手不動産会社「森ビル」が運営しており、一般募集はしておらず、入会するには理事 1 名と会員 1 名以上の推薦が必要です。

　入会時 400 万円（入会金 90 万円を含む）、年会費 25 万円と非常に高額な会員制クラブです。ふつうの消費者目線であれば、「そんなに高額な会員費なんて高すぎて払えない！」となりますが、実際にこの金額を払っている会員は、支払った金額以上の価値を見出している人ばかりです。

　噂によると楽天の三木谷浩史会長兼社長やソフトバンクグループの孫正義会長兼社長も、「アークヒルズクラブ」の会員ともいわれますが、「高額の会員費を支払った人しかいない環境に自分の身を置く」ということ自体、大きな価値を得られます。

　これは高額なゴルフ会員権やセミナー受講にも通じる考え方です。一見すると非常に高い会費かもしれませんが、そこで得られる人脈やノウハウに、支払った金額以上の価値があることを見出しているのです。

STEP

5

必要最小限の
株価チャートの見方

「ファンダメンタルズ分析」と 「テクニカル分析」のいいとこ取り

　株式投資の分析は、「ファンダメンタルズ分析」と「テクニカル分析」に大きく分かれます。ファンダメンタルズ分析は、会社の収益や配当、大きな視点での金利や経済動向などから、株価の割高（割安）度を測ります。一方のテクニカル分析は、チャートで過去の値動きから株価の先行きを予想します。

　投資家の間では、「ファンダメンタルズ分析派」「テクニカル分析派」と、まるで派閥のように対立する傾向もありますが、なにも二者択一する必要はありません。どちらにもメリット・デメリットがあるので、どちらか一方だけではなく、両方のいいとこ取りをするのがいちばんです。

**　私自身は「ファンダメンタルズ分析：テクニカル分析＝ 7 : 3」くらいのバランスでいいとこ取りをしているイメージです。**

　では、それぞれの特徴を私なりに説明してみましょう。

● ファンダメンタルズ分析とは？

ファンダメンタルズ分析派は、中長期的に見ると株価は会社の業績（利益）に比例すると考えます。決算書や事業計画書をしっかりと読み込み、PER（株価収益率）や PBR（株価純資産倍率）などの指標も参考にして、業績がいいにもかかわらず株価が低い割安株を買います。会社の業績は極端に乱高下することは少ないので、一度投資した後は中長期的な目線で考えます。テクニカル分析派を "オカルト扱い" する傾向も !?

● テクニカル分析とは？

テクニカル分析派は、株価とは株を買いたい人と売りたい人の需給バランスによって決まると考えます。ファンダメンタルズ派が重視する決算書や事業計画書には意味がなく、目の前の株価の動きにすべての情報が織り込まれていると考えます。デイトレードや短期目線で売買する投資家が多いです。チャートや板（価格ごとの買い注文と売り注文の一覧表）、各種指標を見ながら、いまこの瞬間の株価に対して値上がりすると思えば買い、値下がりすると思えば売ります。ファンダメンタルズ分析派の投資家を"オカルト扱い"する傾向も!?

　もっとシンプルにいうと、ファンダメンタルズ分析派は中長期的に業績が伸びていくことを予測して投資、テクニカル分析派は目先の短期的な価格変動を予測して投資します。

　では、小型株集中投資では、どうしたらいいのでしょうか？

　前著（58ページ）でも述べたように、**PERのようなファンダメンタルズの指標を絶対視するような投資をしても勝てません。**

　なぜならPER（株価収益率）は、あくまでも「現在と同じ利益が、今後もずっと続いたら」というあり得ない前提をもとに算出される指標であり、現実離れした指標だからです。いまと同じ利益がずっと続くなんて話は、あり得ません。

　PBR（株価純資産倍率）にしても、ある時点での簿価（帳簿上の価格）で資産価値を算出している指標なので、実際に資産を売るとなったときの譲渡日時点での時価とは異なります。

　私自身は、これらのファンダメンタルズの指標は、あくまでも参考程度に見るくらいです。そうかといって、テクニカル分析だけを

重んじて、必要以上にチャート分析をしているわけでもありません。

ひと言で「テクニカル分析」といっても、「ローソク足」「移動平均線」「ボリンジャーバンド」「パラボリック」「エンベロープ」「移動平均乖離率」「一目均衡表」「ストキャスティックス」「サイコロジカルライン」「SI」「MACD」「RCI」「DMI」「ROC」「モメンタム」「レシオケータ」「カギ足」「ポイント＆フィギュア」「逆ウォッチ曲線」——など、ほかにもたくさんの指標があります。

しかし、どれだけ多くの指標を覚えても、使いこなせなければ意味がありません。料理でも、形から入って使いこなせない 10 種類の包丁を揃えるより、たった 1 つの包丁をきちんと使いこなしたほうが確実に腕は上がります。

そこで「これだけ身につけておけば大丈夫！」という小型株集中投資のテクニカル分析（株価チャートの見方）を厳選してお伝えしていきます。

チャートは、学校の勉強のように「覚える」のではなく「理解する」ことが大切です。

株価チャートは
精度があいまいな測定器

まずはチャート分析の目的について、きちんと踏まえておきましょう。

チャート分析の目的は、「過去の値動きを示す株価チャートからトレンドやパターンなどを見出して、今後の値動きを予想すること」です。

株価チャートは「過去」の値動きをベースに今後を「予測」する

ものですから、絶対的なものではありません。あくまでも"精度が
あいまいな測定器"くらいのイメージです。

　精度があいまいでも、複数の測定器が「買い」のシグナルを出し
たら買ったほうがいい可能性が高くなり、逆に複数の測定器が「売
り」のシグナルを出したら売ったほうがいい可能性が高くなります。

　あくまで可能性なので、仮に全部の測定器で「買い」や「売り」
のシグナルが出たとしても、その通りにならないことも実際にあり
ます。チャートをベースとするテクニカル分析は、それだけ絶対的
なものではないということを踏まえておきましょう。

　**大切なのは必要最低限の基本を抑えつつ、ひたすら実践していき、
自分なりの精度を高めていくことです。**

必要最低限でOK！
移動平均線の読み方・使い方

　1つ目のポイントは「移動平均線」です。株価のトレンドや相場
の方向性を見る手がかりとなるものです。142ページで紹介する
「ローソク足」と組み合わせて、売買のタイミングを計るときに使
います。

● 移動平均線とは？
　移動平均線とは「過去の株価の平均値を結んだ線」のこと

　このように移動平均線は、さまざまな時間軸での平均値から株価
の推移を見ます。
　では、それぞれについて、ざっと見ていきましょう。

- 月足で表示した場合の移動平均線
◎ 5カ月移動平均線 → 過去5カ月の平均値（短期）
◎ 25カ月移動平均線 → 過去25カ月の平均値（中期）
◎ 75カ月移動平均線 → 過去75カ月の平均値（長期）

- 週足で表示した場合の移動平均線
◎ 5週移動平均線 → 過去5週間の平均値（短期）
◎ 25週移動平均線 → 過去25週間の平均値（中期）
◎ 75週移動平均線 → 過去75週間の平均値（長期）

- 日足で表示した場合の移動平均線
◎ 5日移動平均線 → 過去5日間の平均値（短期）
◎ 25日移動平均線 → 過去25日間の平均値（中期）
◎ 75日移動平均線 → 過去75日間の平均値（長期）

- 5分足で表示した場合の移動平均線
◎ 25分移動平均線 → 過去25分間（5分×5）の平均値（短期）
◎ 125分移動平均線 → 過去125分間（5分×25）の平均値（中期）
◎ 375分移動平均線 → 過去375分間（5分×75）の平均値（長期）

　証券会社によっては、月足の長期移動平均線の初期設定が「過去60日」に設定されていることもありますが、上記の「過去75日」とは誤差の範囲内なので、特に違いを気にしなくて問題ありません。
**　いずれの時間軸でも、「短期」「中期」「長期」の3本線によって株価トレンドを把握するのが、いちばんわかりやすい方法です。**

3本線のサインを見逃すな！
上昇トレンド編

● 【青信号】上昇トレンド → 移動平均線が3本とも右肩上がり

上昇トレンドの真っ最中！（買ってもいい典型例）

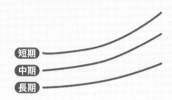

● 【黄信号】上昇トレンド停滞→移動平均線が2本交わっている

上昇トレンドがちょっと停滞してきた可能性があるかも？

（この状態から3本とも右肩上がり【青信号】に戻れば上昇トレンド継続中だけれど、トレンドが崩れる可能性も）

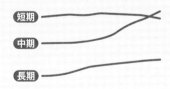

● 【赤信号】上昇トレンド終了→移動平均線が3本交わっている

上昇トレンド終了の可能性が高い……（稀に反転することも）

3本線のサインを見逃すな！
下降トレンド編

● 【赤信号】下降トレンド → 移動平均線が3本とも右肩下がり

下降トレンドの真っ最中！（手を出してはいけない典型例）

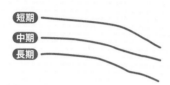

● 【黄信号】下降トレンド停滞 → 移動平均線が2本交わっている

下降トレンドがちょっと停滞してきた可能性があるかも？

（この状態から3本とも右肩下がり【赤信号】に戻れば下降トレンド継続中だけれど、稀に上昇に転じるケースも）

● 【青信号】下降トレンド終了 → 移動平均線が3本交わっている

下降トレンド終了の可能性が高い！　※底値のサイン

（ここから上昇トレンドに転じるまで時間がかかる可能性も）

実践ワーク①

　ここまで説明した6種類のトレンドを踏まえて、次のチャートにある移動平均線を分析してみましょう。

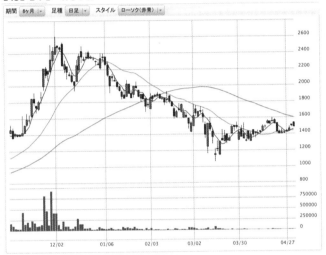

1431 Ｌｉｂ　Ｗｏｒｋ

| 期間 6ヶ月 ▼ | 足種 日足 ▼ | スタイル ローソク（赤青） ▼ |

[出所] マネックス証券

1431 Lib Work

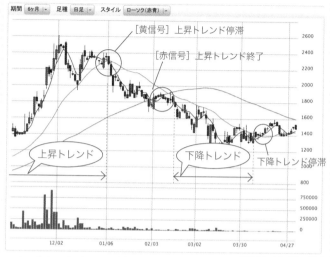

[出所] マネックス証券

　この実践ワークでは「日足」をベースにしましたが、「投資の時間軸」に合わせて次のように調整できます。

⬤ **週足・月足**
◎ 数カ月〜数年の長い目線で考える場合
◎ 数年に一度レベルの売買チャンスを見つけたい場合

⬤ **日足**
◎ 1週間〜数カ月で売買する場合
◎ 数カ月〜半年以内の売買チャンスを見つけたい場合

⬤ **5分足**
◎ 2〜3日以内の売買を考えている場合
◎ その日のうちでベストな売買タイミングを見つけたい場合

　小型株集中投資では、基本的に「日足」を見て株価トレンドを判断します。「そろそろ売りたいけど、細かい売りタイミングはどこがベストかな？」と考えたときに、「5分足」で目先の需給の変化を把握して売買タイミングを探すイメージです。

どの時間軸の移動平均線を見ればいいの？

　それでは、もっと具体的に「月足」「週足」「日足」「5分足」「1分足」と移動平均線の使い方について見ていくことにしましょう。

● 「月足」「週足」の見方・使い方

◎ 初めて着目した会社（銘柄）が、過去にどんな値動きをしてきたのかを、年単位で大まかに把握するのに最適（変化がほとんどないので、日常的にチェックする必要なし）

◎ 数年に一度訪れる買いのタイミングなどを知るためにも使う（長らく上昇トレンドが続いていた銘柄が一時的に急落したとき、長期移動平均線にタッチしてすぐに戻ることもあるため）

◎ 長期にわたって下降トレンドが続いている銘柄は、日足で一時的な上昇トレンドになっても、週足や月足の長期移動平均線にタッチして下降トレンドに戻るパターンがよくある

● 「日足」の見方・使い方

◎ 基本的には日足の移動平均線で投資タイミングの判断（いちばんポピュラーな時間軸）

◎ 日常的には日足だけチェックしておけばOK（急騰・急落など異常が発生した場合でもすぐに対応可能）

◎ 特に数日〜数カ月の株価トレンドを見極めるには便利

◎ 5分足や1分足の移動平均線と比べて、変化が小さいため、1日1回のチェックでOK

● 「1分足」「5分足」の見方・使い方

◎ 目先の需給で激しく変動（日常的には見なくてOK）

◎ 保有株の売りタイミングを細かい時間軸で見定めるのに便利

◎ あくまで細かい売買タイミングを探るために使うので、中長期的投資では参考にしない

◎ ストップ高になった銘柄の売りのタイミング、ストップ安になった銘柄の買いのタイミングを探す

◎ その日の株価トレンド、デイトレーダーの動向を把握する

　日常的には「日足」をベースにして、全体像を把握するときは「月足」や「週足」、急激な値動きをしたときや目先の売買タイミングを探るときは「1分足」や「5分足」と使い分けるのが基本です。

　なお、上場したばかりの銘柄で過去の株価情報がない場合、移動平均線が表示されないケースもあります。

「ローソク足」の読み方・使い方

　続いては「ローソク足」です。

　一定期間の株価の値動きが「4本値」（始値、高値、安値、終値）で、1本の棒状のローソク足としてすべて表される指標です（相場のトレンドを一目でわかるようにしたものは、「ローソク足チャート」といいます）。

　このローソク足は、江戸時代中期に世界最古の先物市場・大坂（現在の大阪）堂島の米相場で巨万の富を築いたとされる本間宗久が考案しました。いまや世界中で使われている日本発のテクニカル指標となっています。

　ローソク足も、形を「覚える」のではなく、なぜその形になるのかを「理解する」ことが大切です。

　ローソク足の形は、次のような株価の動きによって変化します。

　太い線も細い線も、その長さ（短さ）が株価の値動きを示します。この動きを理解すれば、どんなローソク足の形が出現しても、どういう値動きをしたのかがわかるようになります。

下落の
サイン

上ヒゲが長い

一旦大きく上昇したが、流れが変わって始値よりも下がって終了。上ヒゲが長いほど下落力が大。

胴体が黒くて長い

ヒゲのない陰線は大陰線ともいう。始値から終値まで下げ続け、下落の勢いが強いことを意味する。

上昇の
サイン

下ヒゲが長い

一旦株価が大きく下がったが、流れが変わって始値よりも高く終了。下ヒゲが長いほど上昇力が強い。

胴体が白くて長い

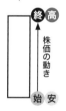

ヒゲのない陽線は大陽線ともいい、始値から終値まで上げ続け、上昇の勢いが強いことを意味する。

どっち
つかずの
サイン

上ヒゲも下ヒゲも動体も短い

始値よりも下がって終わり陰線。上下のヒゲが長いほど、投資家の迷いも大きいが、胴体も上下のヒゲも短いので方向感がない相場だったことを表す。

始値よりも上がって終わり陽線になったが、上下のヒゲも胴体も短いことから、投資家の迷いがあり、方向感が出なかったということ。これを保ち合い相場と言う。

実践ワーク②

　株価が1日で次のように値動きしたときのローソク足を描いてみましょう。

❶ 上昇し続けた形

❷ 午前中上昇し、午後下落した形

❸ 上がったり下がったりして元に戻った形

❹ 午前中は動きがなく、午後に下落した形

❺ 大きく下落した後、大きく上昇した形

実践ワーク❷ 答え合わせ

❶ 上昇し続けた形

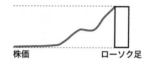

株価　　　　　　　　ローソク足

❷ 午前中上昇し、午後下落した形

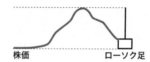

株価　　　　　　　　ローソク足

❸ 上がったり下がったりして元に戻った形

株価　　　　　　　　ローソク足

❹ 午前中は動きがなく、午後に下落した形

株価　　　　　　　　ローソク足

❺ 大きく下落した後、大きく上昇した形

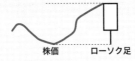

株価　　ローソク足

実践ワーク③

　次のローソク足が出現した場合、どのような株価の値動きがあったか、株価チャートを描いてみましょう。

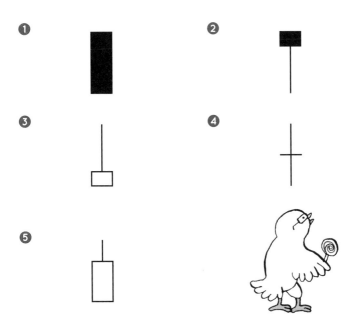

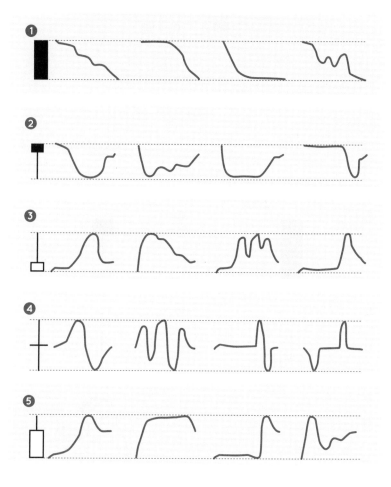

「地上株」と「地底株」を見極める

　続いて、「移動平均線」「ローソク足」を組み合わせたチャートを見ながら、より実践的な話をしていきましょう。

　ここで役立つのが、私が編み出した**「地上株」「地底株」**という考え方です。

- 地上株＝現在の株価が長期移動平均線の上にいる
- 地底株＝現在の株価が長期移動平均線の下にいる

投資対象となるのは基本的に「地上株」のみ

地上株

---------------------------- （長期移動平均線） ----------------------------

地底株

◎ 投資対象となる「地上株」とは？

過去の株価推移を表す長期移動平均線よりも上（地上）にいる地上株は、投資家の注目が集まりやすく、株価が上昇しやすい環境にいます。地上株は意欲的で、直近高値（現在から一定のさかのぼった期間でいちばん高かった値）を常に超えようと頑張ります。そのため、なにかの拍子に地下（3本の移動平均線より下）に潜ってしまったとしても、すぐに地上に這い上がろうとします。

◎投資対象にしない「地底株」とは?

3本の移動平均線より下 (地下) にいる地底株は、投資家の注目が集まりにくいです。地底株は消極的で、もう過去の高値は超えられないと自信を失っています。過去の高値を超えそうになっても、急に値下がりしてしまい、いつまでたっても地底株のまま。なにかの拍子で地上 (3本の移動平均線より上) に出たとしても、陽の光があたる環境が苦手で、すぐに地下に潜ってしまいがちです。たまに地上に出たときに投資する投資家がいても、すぐ地下に潜ってしまうため、すぐに売られてしまいがちでもあります。

長期移動平均線は、地上と地下を分ける境界線のようなものです。
長期移動平均線の上と下とでは、住む世界がまったく違います。地上株にとって、ここだけは絶対に越えたくない最後の砦。地底株にとって長期移動平均線の上は、まぶしすぎる世界。この長期移動平均線が、それだけハッキリと地上と地下を分けるのです。

このことを踏まえたうえで、さらに地上株には3つの階級が存在します。

地上株の3つの階級

上流階級

-------------------- (短期移動平均線) --------------------

中流階級

-------------------- (中期移動平均線) --------------------

下流階級

-------------------- (長期移動平均線) --------------------

◉ 最強の投資対象「上流階級」

「スター」扱いされる限られた地上株です。上流階級は、過去5
日間の短期移動平均線さえ割り込まない"絶対エース"。常に
過去の高値をこえ続けなければ、このポジションを得ることは
できません。ただ、ここに属する地上株は飛ばしすぎる習性も
あります。そのため、株価と短期移動平均線の乖離が広がりす
ぎたときは要注意。短期間で株価を急上昇させた分、息切れし
て急激に下落することがよくあるからです。よく上流階級と中
流階級を行ったり来たりします。

◉ 主力の投資対象「中流階級」

継続的かつ安定的に株価を伸ばし続ける地上株です。上流階級
ほどの絶対的勢いはありませんが、地に足をつけて着実に業績
を上げるタイプ。ときには上流階級のエリアに顔を出すことも
ありますが、息切れして元に戻ってくることもあります。「下
流階級とは違う」という意識が強く、中流エリアにいることに
誇りを持っています。いったん下流階級に落ちてしまうと、投
資家の関心が離れがちで、なかなか中流階級に戻ってこられな
い。それだけに下流階級に落ちないように踏ん張ります。

● 要注意の投資対象「下流階級」

かろうじて地上株にいる状態です。油断すると地底株へと転落しかねないので、一刻も早く中流階級の仲間入りをして安定したい。でも、中流階級と下流階級を分ける中期移動平均線は簡単に越えられないというジレンマを抱えています。つい最近まで地底株だったり、地上と地下を行ったり来たりしていたり、中流階級から転落してきたりと、さまざまな株が入り混じるエリアでもあります。

一方で、次ページのように地底株にも3つの階級が存在します。

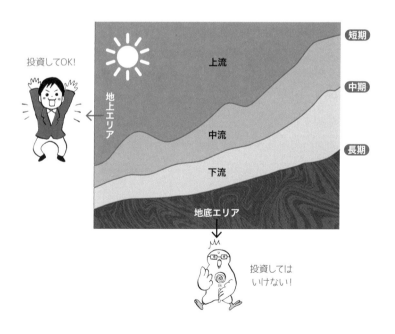

地底株の3つの階級

上流

------------------ （長期移動平均線） ------------------

中流

------------------ （中期移動平均線） ------------------

下流

------------------ （短期移動平均線） ------------------

● まだ救いのある「上流」

地上にいちばん近いところにいる地底株です。地底に落ちてきた地上株は、「すぐに地上に戻る」「地上と地下の境界線を行ったり来たりする」「さらに深く地底へ落ちる」と3パターンに分けられます。すぐに地上に戻れば問題はありません。しかし、地上株が長く地底に滞在してしまうと、投資家から地底株の烙印を押されてしまいます。

● 見込みなしの「中流」

完全に下降トレンドに陥っている地底株です。ここまでくるともう手がつけられない状態である可能性が高く、ちょっとしたことで下降トレンドは変えられません。最近投資した投資家も全員が損をしている状態なので、売りが売りを呼んでどんどん下がり続けます。市場から見放された状態になり、新規で投資する人はなかなか現れません。中流に入ってしまうと、地上株に這い上がるのはかなり困難になります。

● 落ちるところまで落ちた「下流」

地底株の中でも、いちばんハイペースで安値更新を続けています。地底の中でも近づきがたいゴロツキの集まりで、同じ地底株の中でも特に悪評が高いです。不思議なことに、ここまで落ちた地底株は、逆に投資家の注目を集めます。落ちるところまで落ちきった後は、逆に急激に買われて上昇トレンドへと反転したりするからです。稀にこの下流から一発逆転で上流階級までのし上がるケースもあるので、そういった期待からゴロツキを探しにくる投資家が一定数います。

「押し目」を見極める

上昇トレンドの株は、中流以上の地上株です。これらはポジションを一生懸命キープしようとします。一時的な株価下落で、下流に片足を突っ込んだら、すぐに反発して中流に上がろうとするのです。

これを投資の世界では、「押し目で株価が上がる」と表現したりします。「押し目」というのは、上昇トレンドにある株価が一時的に下落することをいいます。

もちろん、そのままズルズルと下流のエリアに転落してしまうケースもあります。こうなると今度は、地上と地底を分ける境界線（長期移動平均線）を意識します。

ここだけは割り込まないように、なんとしてでも死守しなければなりません。そのため、ここの線をタッチした付近が最後の押し目になります。

もしここで株価が反発せず、地底に潜ってしまい、しばらく時間

が経ってしまったら、もはやそこから這い上がるのはかなり難しくなります。

　上昇トレンドの銘柄であれば、「いつ利益確定しようかな?」と売りのタイミングをうかがっている投資家もいれば、「もう少し安くなったら買おうかな」と、買いのタイミングをうかがっている投資家もいます。

　こうした思惑や期待から売ったり買ったりされて、株価は日々刻々と変動しています。そして、押し目という現象は、まさに「少し下がったら買おう」と思っている投資家によって形成されます。

　とはいえ、この押し目で上昇するパターンが、有効な場合と、そうでない場合があります。

　株価チャートで過去の値動きを見て、中流地上株と下流地上株の境界線(中期移動平均線)にタッチしたくらいが買いのタイミング。ただし、反発しなければ地上株と地底株の境界線(長期移動平均線)まで下がる可能性があります。

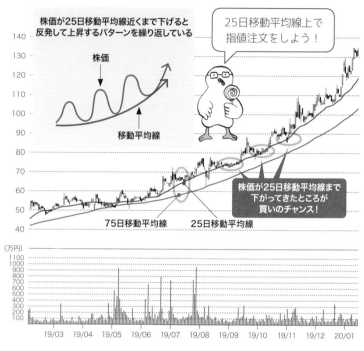

株価が25日移動平均線近くまで下げると
反発して上昇するパターンを繰り返している

株価

移動平均線

25日移動平均線上で
指値注文をしよう！

75日移動平均線

25日移動平均線

株価が25日移動平均線まで
下がってきたところが
買いのチャンス！

(万円)
1100
1000
900
800
700
600
500
400
300
200
100

19/03　19/04　19/05　19/06　19/07　19/08　19/09　19/10　19/11　19/12　20/01

実践ワーク④
地上株と地底株を見極めよう！

　次の株価チャートを見て地上株（上流・中流・下流）と地底株（上流・中流・下流）に分けて、投資の売買判断をしてみましょう。

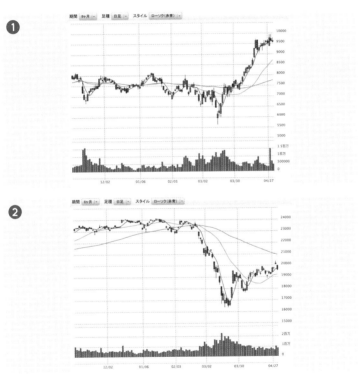

[出所] マネックス証券（P155 〜 160）

155

❸

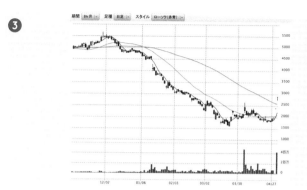

❹

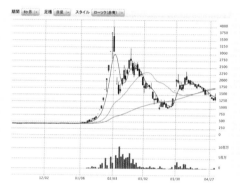

❺

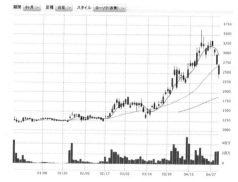

実践ワーク❹　答え合わせ

❶ 地上株

つい最近まで地上と地下の間を行ったり来たりしていたが、最近ようやくちゃんと地上に出てきた。地上に出てきてからは中流と上流の間を行ったり来たりするものの、安定的に株価を伸ばしている。新たに地上株となった銘柄なので注目も集まっている。

❷ 地底株

少し前までかろうじて地上にいたが、3カ月前に地底株に仲間入り。地底株になってからは一気に株価を下げて落ちるところまで落ち、下流の代表的存在に。最近ようやく底を打って、中流〜上流の仲間入りを果たす。地上に出られるかどうかは、まだわからないため、安易に買いの判断はできない。

❸ 地上株

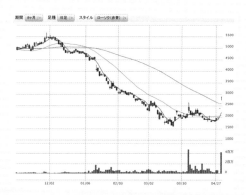

5カ月ほど前に地底株の仲間入りをしてから、下流のお手本のような株価の下げ方を継続している。最近ようやく中流〜

上流に上がってきたと思ったら、あっという間に地上に這い上がり地上株に転身。このまま地上株として活躍してくれるのであれば、投資のタイミングとしては最適。ただ、一瞬だけ地上に出て、またすぐ地底に戻ってくる可能性もあるため油断は禁物だ。

❹ 地底株

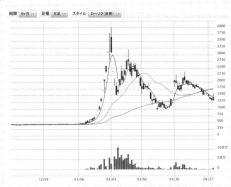

3カ月ほど前までは上流階級の地上株としてトップクラスの活躍をしていたが、短期間で飛ばしすぎたため失速し、片足を地底に突っ込む。一度はすぐに地上に戻ってきたが、2度目の地底突入。ここから踏ん張って地上に戻って来られるかどうかが、投資するかどうかの判断ポイントになる。戻って来られずにしばらく地底株の状態が続くと、地底の環境に慣れてしまい地上にはさらに戻りにくくなるため、投資対象にはならない。

❺ 地上株

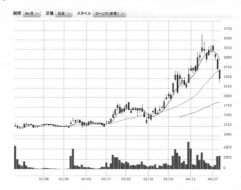

半年前は地底と地上の狭間をさまよっていたが、直近の2
カ月は中流〜上流の地上株としての活躍。ところが最近、中
流地上株から下流地上株に転落。すぐにまた中流より上に戻
れるかどうかがポイント。ここからすぐに地底株に陥落する
予感はないが、早く下流から中流以上のポジションに戻って
欲しいところ。下流の環境に滞在しすぎると、なかなか中流
には戻れなくなってしまうので要注意。流れによっては、地
上株と地底株の境界線付近まで一時的に下落する可能性もある。

「直近高値」と「直近安値」を
意識しよう

　地上株と地底株の考え方は、3本の移動平均線をもとにトレンド
や値動きの方向性を判定しますが、過去につけた記録的な株価と比
較されることも多いです。

　直近高値を超えると、そのままスルスルと上昇。その高値を超え
られないと「あぁ、このへんが限界か」とズルズル下落してしまう

傾向があります。

　その逆もまたしかりで、直近につけた安値を割り込んでしまうと、そのままズルズル下落してしまいますが、そこで反発すると持ちこたえたりします。

　まだまだ伸びしろがあるスポーツ選手は、過去に自分が出したスコアを何度も超えて自己ベストを更新しますが、ピークをすぎてしまったスポーツ選手は過去の自己ベストを更新できず、どんどんスコアを落としていくイメージです。

　ちなみに、「直近」に明確な定義はありません。日足チャートで表示したときの「直近安値」は、最近つけた目立つ谷のいちばん下の安値、「直近高値」は最近つけた目立つ山のいちばん上の高値です。

　株価が上下を繰り返している銘柄であれば、「直近高値」と「直近安値」が複数あるということになります。また、「直近」の期間を「上場してから現在に至るまで」にしたものが、「上場来高値」と「上場来安値」になります。

「直近高値」「直近安値」の 見方・使い方

　直近高値を更新した銘柄は、その後も更新することが期待できるため「買い」もしくは、すでにその株を持っているなら「保有継続」という判断になります。

　しかし、直近高値をなかなか更新できない状態になったら、「そろそろ限界かな？」とも考えられます。また、直近高値を更新できないどころか、直近安値まで割り込んでしまったら、「もうピークをすぎた」と判断して「売り」のタイミングとなります。

　いくつか例を見ていきましょう。たとえば、次ページの株価チャート〈例１〉ですが、直近１カ月ほど高値を更新し続けていることがわかります。

　もともとは高値が❶の 8000 円前後、安値が❷の 7000 円前後で、この間で株価が行ったり来たりしていました。ところがその後、❷で直近安値を割り込む水準まで売られ、❸まで株価が下落。これはスポーツ選手でいうところの自己ワースト更新にあたります。

　その後、いったんは反発したものの、さらに直近安値❸を割り込んで、直近最安値❹をつけてしまいます。

　このように安値を更新し続ける下降トレンドの銘柄には、手を出さないほうが無難とされます。しかし、❹の直近最安値から反転し、株価が上昇トレンドに入ります。

　ポイントは過去６カ月間の直近最高値❶と同じ水準まで株価を戻した❺のあたりです。❺で直近最高値❶の株価を超えられなかった場合、ヨコヨコ（横ばい）か下降トレンドが続いていると判断できます。

〈例1〉

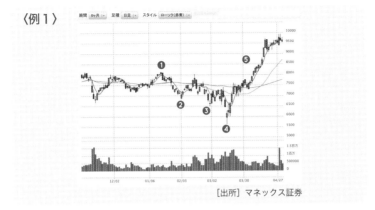

[出所] マネックス証券

　この株価チャートでは、❺で直近最高値の❶を軽く超えて、その後も上昇し続けました。これは自己ベストを更新したため、上昇トレンドの仲間入りをしたと判断できます。ここが株を買うベストのタイミングの1つです。

　「❹の底値で拾ったほうが儲かる」と思われたかもしれませんが、それはあくまで結果論です。❺で上昇トレンドの仲間入りをしてから投資して、その後の上昇益を狙ったほうが、限られた資金の個人投資家にとっては、投資効率が高くなります。

　続いてもう1つ、164ページの株価チャート〈例2〉の例を見てみることにしましょう。

　もともとは株価500円手前で、横ばいで推移していましたが、❶のあたりから急上昇。その後、しばらくすごい勢いで株価が急上昇しましたが、❷で最高値をつけた後、大きく下げました。このように短期間で急上昇した株価は、短期間で急下降します。

　❸でいったん下げ止まり、その後上昇に転じますが、直近高値である❷を超えられず、❹で上昇が止まり、その後下降トレンドに転じます。

〈例2〉

[出所] マネックス証券

　直近安値である❸も割り込んだため、下降トレンドに突入したか
と思われましたが、（長期移動平均線の上昇トレンドが意識されたため
か）❺で一度下げ止まり、また上昇に転じます。

　しかし、やはり直近高値である❹は超えられず、❻で高値をつけ
た後にズルズルと下落し始めます。これは短期間で上がったものの、
方向性がいまいち定まらず、投資家の期待やその場の勢いだけで売
買された株の例になります。

　ポイントとなるのは❺直近安値と❻直近高値です。

　❺まで下落して下げ止まれば、「いったんはここが底値かな？」
とも考えられますが、❺を割り込んでも下げ止まらなければ、下降
トレンドに入ったと思っていいでしょう。

　一方、多少上昇しても❻を超えなければ、「このあたりが限界だな」
と思われますが、❻を明確に超えてくると、次は❹と❷を超えられ
るかどうかが試されます。

　これらを総合的に考えると、株価が下落するにはハードルが低い
けれど、ここから上昇して❷を超えるような水準になるには、ハー
ドルが高いと考えられます。

　「買い」のタイミングとして考えられるのは、❶のちょっと後。グズグズしていた株価が一気に上がり始めて、上昇トレンドに乗ってからです。「売り」のタイミングとしては❷に至るまでの急激な上昇過程です。

　急激に上昇した銘柄は、急下降しますから、いずれにしてもこの株価チャートの場合、短期勝負になります。

「出来高」の見方・使い方

　「出来高」とは、1日や1週間といった一定の期間に売買が成立した「株数」のことです。

　「出来高は株価に先行する」といわれ、その銘柄の活性度を測るバロメーターとなります。出来高が少ない銘柄は投資家に注目されておらず、出来高が多い銘柄は多くの投資家に注目されていると判断できます。

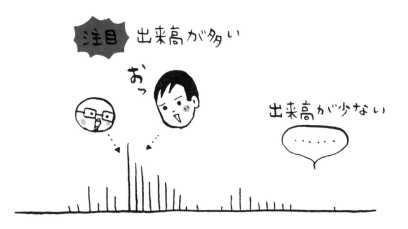

下の株価チャートがあった場合、日足の表示になっているため、棒グラフで表示しているこの出来高は1日単位で売買が成立した株数を指します。これが5分足チャートなら出来高は5分単位で売買が成立した株数となり、週足チャートなら1週間単位で売買が成立した株数となります。

　株価チャートをみると、❶で急に出来高が増えたため、このタイミングで多くの投資家が注目し始めたと判断できます。

　出来高はあくまでその期間に売買が成立した株数であり、1日に何度も売買を繰り返すデイトレーダーが参入してくると、出来高が急増する傾向があります。同じデイトレーダーが1日で100株の売買を100回繰り返せば、出来高は1万株と加算されるのです。

　デイトレーダーはボラティリティ（価格変動）の大きい銘柄を探して、その差益を狙ってトレードします。

　出来高が極端に増えて大きく価格変動した銘柄は、中長期目線で投資を考える一般の投資家以外に、デイトレーダーも多く参入していることも忘れないようにしましょう。

　出来高が急に増えるのには、なんらかの理由があります。出来高が急増して値上がりした銘柄を見つけ出し、その理由を調べて投資

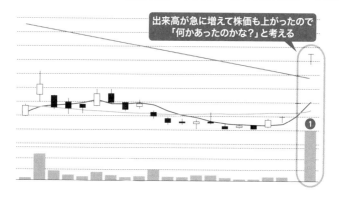

出来高が急に増えて株価も上がったので
「何かあったのかな?」と考える

判断をすることも有効です。

　逆に、出来高が少ない状態でずっと放置されている銘柄は、たとえどれだけその会社の業績がよくても、誰からも注目されていないため、株価が上がりにくい傾向があります。有望銘柄だと思って投資をしたのに、そのまま何年も株価が動かないパターンさえあります。そうなると、大きな機会損失につながりかねません。

　このような銘柄はすぐに投資をするのではなく、「出来高が増えて株価が上昇し始めてから投資するリスト」に放り込んでおいて、出来高が増えたタイミングで改めて投資を検討するようにします。

「板」の見方・使い方

　株式投資では、「板」からも多くの情報を得られます。板とは、価格ごとの「買い注文」と「売り注文」の一覧表です。

　次ページの図のように、板の左側に「この値段なら売ってもいいよ」という投資家の注文株数（売数量）、右側に「この値段なら買ってもいいよ」という投資家の注文株数（買数量）があります。

　株の売買には、値段を指定せずに注文する「成行注文」と値段を指定して注文する「指値注文」がありますが（69ページ参照）、指値注文（売買数量）はすべて板に反映されます。

　指値注文は「500円の指値で1000株の買い注文」とか「1000円の指値で2000株の売り注文」というふうに使います。

　板に表示される指値注文は、「この値段なら買いたいな（売りたいな）」という投資家たちの行列なのです。

　右側に買い注文が大量に入っていたら「この株を買いたい人がた

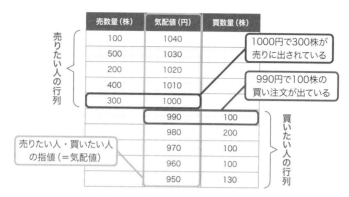

売数量(株)	気配値(円)	買数量(株)
100	1040	
500	1030	
200	1020	
400	1010	
300	1000	
	990	100
	980	200
	970	100
	960	100
	950	130

売りたい人の行列

買いたい人の行列

1000円で300株が売りに出されている

990円で100株の買い注文が出ている

売りたい人・買いたい人の指値(=気配値)

くさん並んでいる」、左側に売り注文が大量に入っていたら「この株を売りたい人がたくさん並んでいる」ことがわかります。

株を売買する前に、板情報で需給バランスを確認します。

たとえば、図の板で、960円で300株の指値買い注文を入れたとしましょう。いまある「960円の100株買い」の注文に新規300株の指値買い注文が追加され、板情報は「気配値960円」「買数量400株」と変更されます。

同じ値段で注文を入れると、先に入った注文のほうが優先的に約定(売買成立)します。指値が行列に並ぶ注文であるのに対して、「いくらでもいいから買いたい(売りたい)」という成行注文は行列をすっ飛ばして即取引することができます。

図の板を見て、100株の成行買いを入れた場合、すぐさま気配値1000円の売数量300株から100株の買いが成立します。

ここで500株の成行買いを入れた場合、気配値1000円の売数量300株を買い占め、次に気配値1010円の板の売数量400株から200株の買いが成立し、「1000円で300株、1010円で200株の合計500株」を買うことになります。

図の板で1000円以上の指値買い注文を入れた場合、注文金額以

下での成行注文の扱いとなります。たとえば、「1050円で200株の指値買い」という注文を入れた場合、気配値1000円の売数量300株から、すぐさま200株買いが成立します。

この場合、指値買い注文した1050円より50円安い1000円で買うことができます。この買いが成立した後、気配値1000円の売数量300株という板情報は、新規に売買が成立した200株が引かれて、気配値1000円・売数量100株と修正されます。

さて、細かく説明してきましたが、以下のようにシンプルに使い分けるといいでしょう。

【成行注文】
- 多少高くてもいいから今すぐ買いたい！ ＝ 成行買い
- 多少安くてもいいから今すぐ売りたい！ ＝ 成行売り

【指値注文】
- この値段より安ければ買ってもいい ＝ 指値買い
- この値段より高ければ売ってもいい ＝ 指値売り

株価は「成行注文」が入って
初めて動く

ここで1つ大切なことを覚えておきましょう。

「株価は成行注文が入って初めて動く」ということです。

「この値段より安ければ買ってもいい」「この値段より高ければ売ってもいい」という指値注文だけで投資家がにらめっこしている状態では、株の売買は成立しません。

「いくらでもいいから、いますぐ買いたい（売りたい）」という成行注文が入って、初めて売買が成立して株価が動くのです。

しかし、**その成行注文は、板に表示されません。**

どれだけ板に指値売り注文が多く並んでいたとしても、板に表示されていない成行買い注文がたくさん入れば株価は上がります。逆にどれだけ板に指値買い注文が多く並んでいたとしても、成行売り注文がたくさん入れば株価は下がります。

「厚い板」と「薄い板」の
メリット・デメリット

株の世界では、「板が厚い」とか「板が薄い」と表現することがあります。多くの指値売り（買い）注文が入っていれば、その株は多くの投資家に注目されていて、多くの株が流通していることになります。これを「板が厚い」といいます。

逆に、指値売り（買い）注文が「気配値」ごとに100株とか200株しか入っていない場合、その株はあまり注目されていないか、株の流通量が少ないかになります。これを「板が薄い」といいます。

　大口の投資家は自分自身の大量売買で株価を上げたり下げたりしてしまうので、なるべくそうならないように株の流通量が多い（板の厚い）銘柄に投資する傾向があります。

　一方、株の流通量が少ない（板の薄い）銘柄は、自己資金の少ない個人投資家に好まれる傾向があります。また、板の薄い銘柄は、大量の買い注文が入ると、すぐにストップ高になる傾向があります。逆に大量の売り注文が入ると簡単にストップ安になります。

　こうした板の厚さは、銘柄によって異なります。誰もが知っている大企業は日常的に株の流通量が多く、板が厚い傾向があります。

　逆にあまり注目されていない中小企業は、日常的に板が薄い傾向があります。ただし、中小企業でも投資家の注目を集めたときは、急に板が厚くなったりすることもあります。

　「厚い板」と「薄い板」の判断基準は以下を参考にするといいでしょう。

● 「厚い板」とは？
◎ 直近株価前後に数百万円以上の指値注文が常に入っている板
◎ 数百万円の「成行買い」「成行売り」でも価格変動しない板

○ メリット 流通株数が多いので、ある程度大きな金額を投資しても株価に影響を与えず、すぐに売買が成立する

✕ デメリット すでに大企業である場合が多く、株価3倍以上を狙う小型株集中投資に向く投資先が少ない

● 「薄い板」とは？
◎ 直近株価前後に100万円未満の指値注文しか入っていない板
◎ 100万円くらいの「成行買い」「成行売り」を入れると価格が大きく変動する板

〇 メリット 流通株数が少ないので株価が変動しやすく、株価3倍以上を狙う小型株集中投資に向いている

✖ デメリット 投資金額が増えてくると自分の売買で株価が上下してしまい、フットワークの軽い売買ができにくくなる（暴落時も逃げにくい）

厚い板

売気配	価格	買気配
116,000	OVER	
1,500	4,555	
3,800	4,550	
14,700	4,545	
6,000	4,540	
7,500	4,535	
12,900	4,530	
5,500	4,525	
8,300	4,520	
7,700	4,515	
4,000	4,510	
	4,505	900
	4,500	8,100
	4,495	5,400
	4,490	6,200
	4,485	5,000
	4,480	9,500
	4,475	11,200
	4,470	4,700
	4,465	9,600
	4,460	4,200
	UNDER	78,600
値下がり	値動き	値上がり

薄い板

売気配	価格	買気配
6,000	OVER	
400	1,535	
100	1,533	
200	1,530	
100	1,527	
200	1,526	
200	1,525	
100	1,524	
300	1,522	
300	1,519	
300	1,518	
	1,509	100
	1,498	300
	1,497	100
	1,493	200
	1,490	200
	1,488	100
	1,486	100
	1,480	100
	1,480	400
	1,475	100
	UNDER	9,600
値下がり 31回	値動き 54回	値上がり 23回

「買い」が優勢？「売り」が優勢？

板情報を見るうえで大切な視点は、「買いたい投資家が多いのか？」「売りたい投資家が多いのか？」を見極めることです。

「この株価だったら買いたい（売りたい）」という投資家たちの指値注文をまとめたのが板情報ですから、板に並ぶ注文を見れば、ある程度の需給バランスを知ることができます。

板の左側の売りたい人の注文数が多ければ、「この銘柄はそろそろ下がりそうだ」、板の右側の買いたい人の注文が多ければ「この銘柄はまだ上がりそうだ」と推測できます。

そこで、次の板情報を比べてみましょう。これはすべて同じ銘柄の板ですが、そのときの状況によって板情報が大きく異なります。

左の板は売りたい人が多い状態です。一見、バランスがとれているようにも見えますが、「OVER」と「UNDER」の数字に注目してください。

- 🔘 「OVER」＝ 表示し切れないさらに高い価格から
  ストップ高の範囲に入っている指値売り注文の総数
- 🔘 「UNDER」＝ は表示し切れないさらに安い価格から
  ストップ安の範囲に入っている指値買い注文の総数

①売りたい人が多い状態

	3668　東証　コロプラ	
	成行	
2,537,400	OVER	
8,700	1,550	
1,200	1,549	
1,700	1,548	
900	1,547	
1,500	1,546	
4,300	1,545	
1,000	1,544	
800	1,543	
100	1,542	
1,200	1,541	
	1,540	400
	1,538	900
	1,537	1,200
	1,536	200
	1,535	600
	1,534	1,700
	1,533	1,000
	1,532	1,800
	1,531	1,400
	1,530	18,700
	UNDER	699,400

②バランスのとれている状態

	3668　東証　コロプラ	
	成行	
2,470,000	OVER	
200	1,593	
300	1,592	
5,300	1,591	
12,200	1,590	
400	1,589	
100	1,588	
100	1,585	
100	1,584	
200	1,583	
100	1,582	
	1,570	1,000
	1,569	200
	1,568	900
	1,567	300
	1,566	900
	1,565	1,300
	1,564	700
	1,563	1,100
	1,562	1,800
	1,561	5,300
	UNDER	2,140,800

③買いたい人が多い状態

	3668　東証　コロプラ	
	成行	
889,800	OVER	
700	1,567	
5,300	1,565	
2,700	1,564	
400	1,563	
400	1,562	
100	1,561	
700	1,560	
100	1,559	
100	1,557	
10,900	1,555	
	1,549	600
	1,548	15,100
	1,547	32,600
	1,546	2,700
	1,545	39,900
	1,544	76,000
	1,543	48,400
	1,542	1,800
	1,541	54,300
	1,540	19,200
	UNDER	535,100

　①の板において OVER に 250 万株以上の売り注文が入っている
にもかかわらず、UNDER には約 70 万株の買い注文しか入ってい
ません。これは「もう少し下がったら買いたい人」より「もう少し
上がったら売りたい人」のほうが 3.5 倍も多いことを意味します。

　②の板では、OVER に約 250 万株の売り注文、UNDER に約 210
万株の買い注文とある程度のバランスがとれています。1590 円の
ところにある「12,200」株の指値売りは気になるものの、需給バ
ランスとしては、左の板よりもニュートラルに近い状態です。

　③の板では、OVER に約 90 万株の売り注文、UNDER に約 50 万
株の買い注文と、一見すると売りがやや優勢のように見えますが、
直近についた株価 1570 円近辺の板情報を見ると、明らかに売り数
よりも買い数のほうが多いことがわかります。こうしてみると、「売
りたい人よりも買いたい人のほうが多い」ことが読みとれます。

　指値買い注文するときは、買いたい思いが強ければ強いほど、「直
近につけた株価」に近い値で注文します。

　一方、板情報で「もっと下がらないと買わない」という投資家が
多い場合、直近につけた株価よりもだいぶ低い値で買い注文を入れ
るため、UNDER に指値買いが集まります。

　これは売るほうも同様で、売りたい意思が強いほど直近につけた
株価の近くに売り注文を出し、「もっと高い値段だったら売っても
いいかな」という場合は OVER に注文が集まります。

　**このように板情報に並ぶ「売り注文数」と「買い注文数」の合計
バランス、直近につけた株価の近くにある指値注文数によって、「買
いたい人のほうが多いか」それとも「売りたい人のほうが多いか」
を知ることができます。**

　ただし、板情報はあくまで指値注文のみです。「すぐ買いたい」「す

ぐ売りたい」という、さらに売買意思の強い成行注文は板には表示されていません。

いくら多くの指値売りが入っていても、それを超える量の成行買いが入れば株価は上がりますし、いくら多くの指値買いが入っていても、それを超える量の成行売りが入れば株価は下がります。

すべてのテクニカル分析・ファンダメンタルズ分析にいえることですが、1つの指標だけで万能な指標は存在しません。板情報もあくまで参考指標の1つとして、常に「大量の成行注文にくつがえされる可能性がある」という前提で見るようにしましょう。

「ストップ高」と「ストップ安」

日本の株式市場では、株価の乱高下を防ぐために「値幅制限」（その日に株価が変動する上下値幅）を設けています。これは投資家がパニックになって、いっせいに株を売ったり買ったりして、行きすぎた株価がつくことを防ぐための仕組みです。

値幅制限は株価によって細かく設定されています（たとえば株価500円以上700円未満の値幅制限は100円）。1日の株価は、こうした値幅制限内で取引されることになりますが、上限いっぱいまで値上がりしたら「ストップ高」、下限いっぱいまで値下がりしたときには「ストップ安」となります。

● **ストップ高になる例**

◎ 好決算発表

◎ 新商品発表

◎ 業務提携発表

◎ 業績を左右する訴訟で勝訴

◎ TOB（株式公開買い付け）発表

◎ IPO（新規株式公開）直後の買い注文殺到

● ストップ安になる例

× 業績悪化の発表

× 大株主による大量売却

× 経営者の逮捕

× 業績を左右する訴訟で負けた

× 商品のリコール

× 急激に買われて株価が割高水準になった

ストップ高・ストップ安のしくみ

ストップ高

700円

600円

前日の終値

500円

ストップ安

この間で**株価**が決まる

国内株式の値幅制限表

基準価格（前日の終値）			制限される上下の値幅
	～	100円未満	30円
100円以上	～	200円未満	50円
200円以上	～	500円未満	80円
500円以上	～	700円未満	100円
700円以上	～	1,000円未満	150円
1,000円以上	～	1,500円未満	300円
1,500円以上	～	2,000円未満	400円
2,000円以上	～	3,000円未満	500円
3,000円以上	～	5,000円未満	700円
5,000円以上	～	7,000円未満	1,000円
7,000円以上	～	10,000円未満	1,500円
10,000円以上	～	15,000円未満	3,000円
15,000円以上	～	20,000円未満	4,000円
20,000円以上	～	30,000円未満	5,000円
30,000円以上	～	50,000円未満	7,000円
50,000円以上	～	70,000円未満	10,000円
70,000円以上	～	100,000円未満	15,000円
100,000円以上	～	150,000円未満	30,000円
150,000円以上	～	200,000円未満	40,000円
200,000円以上	～	300,000円未満	50,000円
300,000円以上	～	500,000円未満	70,000円
500,000円以上	～	700,000円未満	100,000円
700,000円以上	～	1,000,000円未満	150,000円

　成行買い注文が殺到してストップ高になると、板は次ページのような状態になります。

　右上の「買数量」に表示されている「20,000」株は、成行買い注文が2万株入っているという意味ですが、売られている株が「0」なので、2万株の成行買い注文が宙ぶらりんの状態で取引が止まっています。

　この状態がいわゆるストップ高です。1日の値幅制限の上限いっぱいまで買いたい人が殺到して、新規に売る人もいないので取引が成立しません。

ストップ高の板

売数量	気配値	買数量
	成行	20,000
	OVER	
	—	
	—	
	—	
	—	
0	150	
	150	S 45,000
	149	12,000
	148	8,000
	147	2,000
	146	3,000
	145	7,000
	144	4,000
	143	1,000
	142	2,000
	UNDER	56,000

ストップ高マーク

ストップ安の板

売数量	気配値	買数量
5,000	成行	
45,000	OVER	
5,000	55	
4,000	54	
4,000	53	
3,000	52	
5,000	51	
5,000 S	50	
	50	0
	—	
	—	
	—	
	—	
	—	
	UNDER	56,000

ストップ安マーク

　逆に、ストップ安の板は次のような状態になります。

　これは新規に買う人が誰もいない「0」の状態ながら、成行売り注文が殺到して値がつかず、板の左上に表示されている売り注文の5000株が宙ぶらりんになっています。

　株の売買が行われない状態（出来高がない状態）で、3日連続「ストップ安」「ストップ高」になった場合、値幅制限は規定の2倍に

拡大されます。ただし、ストップ安のときは下限のみの拡大で、ストップ高のときは上限のみ拡大です。

　こういう値幅制限のルールは日本市場独特のもので、たとえば中国の上海や深セン市場では前日比 ±10% に設定されており、アメリカの市場は値幅制限はありません。

「見せ板」に注意！

　株を買う意思がないのに、株価をつり上げる目的で、大量の指値注文を入れることを「見せ板」といいます。

　たとえば次のような板で、496 円のところに「20,300」株の買い注文が入っていたら、明らかに目立ちます。多くの投資家が、この大量の指値買い注文を見て「大量買いが入っている！」と注目します。

　そうした投資家心理を逆手にとって、購入する意思がないのに大量の指値買い注文を入れて、いざ売買が成立しそうになると、注文を取り消すのが「見せ板」です。

売数量	気配値	買数量
600	504	
800	503	
500	502	
900	501	
1,000	500	
	499	600
	498	900
	497	700
	496	20,300
	495	1,000

　見せ板かどうかの判別は、出来高があったかどうかで知ることができます。先ほどの板で株価が496円を切って下がったときに、496円の買い注文が成立して株価が下がったのか、それとも「20,300」株の買い注文が取り消されて下がったのかは出来高に現れるのです。

　株価チャートを1分足や5分足に切り替えて、「20,300」株の出来高をともなって下がったのを確認できれば、実際に売買が成立して下がったことになります。

　しかし、株価が496円を割り込んだのに、2000株くらいの出来高しかなかった場合は、「20,300」株の買い注文が取り消されたことがわかります。

出来高をともなって下がれば、実際に売買が成立したと判断

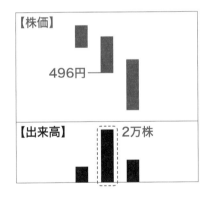

出来高をともなわずに下がれば、買い注文がとり消されたと判断

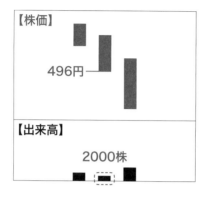

実践ワーク⑤
板情報を読みとろう

次の板情報から、なにが読みとれるか、考えてみましょう。

（第3者による売買注文はないものとして考えてください）

Q1 【板1】で、あなたが成行注文で2000株の「売り」を入れた場合、株価はいくらになるでしょうか？

Q2 【板1】で、あなたが成行注文で1万株の「買い」を入れた場合、株価はいくらになるでしょうか？

Q3 【板1】で、あなたが指値注文で1000株1567円の「買い」を入れ、半分の500株だけ約定（売買成立）した場合、どんなことが考えられますか？

Q4 【板1】の「1,590」円の「12,200」株の売り注文と、「1,591」円の「5,300」株の売り注文が「見せ板」かどうか判別するには、どんな方法が考えられますか？

Q5 上級編です。【板Ⅱ】【板Ⅲ】【板Ⅳ】【板Ⅴ】からどんな情報が得られるか、気づいた点を簡単にまとめてください。

【板Ⅰ】

売気配株数	気配値	買気配株数
	成行	
2,470,000	OVER	
200	1,593	
300	1,592	
5,300	1,591	
12,200	1,590	
400	1,589	
100	1,588	
100	1,585	
100	1,584	
200	1,583	
100	1,582	
	1,570	1,000
	1,569	200
	1,568	900
	1,567	300
	1,566	900
	1,565	1,300
	1,564	700
	1,563	1,100
	1,562	1,800
	1,561	5,300
	UNDER	2,140,800

【板Ⅱ】

売気配株数	気配値	買気配株数
500	成行	2,900
—	OVER	
	—	
	—	
	—	
100	1,051	
1,000	1,050	
100	1,040	
100	1,030	
100	1,029	
1,000	1,020	
前 3,600	1,000	
	999	前 2,900
	914	200
	906	100
	904	100
	903	300
	902	100
	901	100
	895	200
	892	200
	890	300
	UNDER	3,400

【板III】

売気配株数	気配値	買気配株数
—	成行	—
400,000	OVER	
1,000	105	
1,000	104	
1,000	103	
1,000	102	
1,000	101	
1,000	100	1,000
	99	1,000
	98	10,000
	97	135,000
	96	1,000
	UNDER	1,000,000

【板IV】

売気配株数	気配値	買気配株数
45,000	成行	1,250,000
—	OVER	
	—	
	—	
	—	
	—	
	—	
80,000	1,250	1,000
	1,250	1,500,000
	1,248	20,000
	1,247	20,000
	1,246	30,000
	1,245	25,000
	1,242	30,000
	UNDER	120,000

【板V】

売数量	気配値	買数量
5,000	成行	
45,000	OVER	
5,000	55	
4,000	54	
4,000	53	
3,000	52	
5,000	51	
5,000 S	50	
	50	**0**
	—	
	—	
	—	
	—	
	—	
	—	
	UNDER	

ストップ安
マーク

実践ワーク❺　答え合わせ

Q1 答え：「1568円」

	成行	
2,470,700	OVER	
200	1,593	
300	1,592	
5,300	1,591	
12,200	1,590	
400	1,589	
100	1,588	
100	1,585	
100	1,584	
200	1,583	
100	1,582	
	1,570	1,000 |←約定
	1,569	200 |←約定
	1,568	900 |← 800株が約定
	1,567	300
	1,566	900
	1,565	1,300
	1,564	700
	1,563	1,100
	1,562	1,800
	1,561	5,300
	UNDER	2,140,800

この板に対して2000株の成行売り注文をぶつけると、上から順番に次のように約定していきます。

1570円　1000株
1569円　200株
1568円　800株

まず、1570円の1000株がすべて約定（売買成立）、残り1000株の売りが残るので、価格を1つ下げて、1569円の200株がすべて約定、残り800株の売りが残るので、さらに価格を1つ下げて、1568円の900株のうち800株が約定します。このとき直近の約定価格は1568円なので、株価は1568円となります。

Q2 答え：「1590円」

	成行	
2,470,000	OVER	
200	1,593	
300	1,592	
5,300	1,591	
12,200	1,590	
400	1,589	
100	1,588	
100	1,585	
100	1,584	
200	1,583	
100	1,582	
	1,570	1,000
	1,569	200
	1,568	900
	1,567	300
	1,566	900
	1,565	1,300
	1,564	700
	1,563	1,100
	1,562	1,800
	1,561	5,300
	UNDER	2,140,800

9000株が約定 → （1,590の行）
すべて約定 → （1,589〜1,582の行）

この板で1万株の成行買いを入れた場合、1582〜1589円に並んでいる合計1000株の指値売り注文はすべて約定します。残り9000株の買い注文は、1590円の12200株から9000株が約定します。このとき直近の約定価格は1590円なので、株価は1590円となります。

186

Q3

この板に新規で「1000株1567円指値買い」の注文を入れると、以下のように板情報が修正されます。

	成行	
2,470,000	OVER	
200	1,593	
300	1,592	
5,300	1,591	
12,200	1,590	
400	1,589	
100	1,588	
100	1,585	
100	1,584	
200	1,583	
100	1,582	
	1,570	1,000
	1,569	200
	1,568	900
	1,567	1,300
	1,566	900
	1,565	1,300
	1,564	700
	1,563	1,100
	1,562	1,800
	1,561	5,300
	UNDER	2,140,800

> 1,570円　1,000株
> 1,569円　200株
> 1,568円　900株
> 1,567円　1,300株（←新たに1,000株の買いが追加される）

1567円で指値買いを入れた株が約定するには、成行売り注文が入って株価が1567円以下まで株価が下がる必要があります。この時点の板情報で1567円の指値買い注文は1300株ありますが、先に300株の指値買い注文が入っていたため、同じ価格での取引であれば、この300株の注文が優先されます。そのため、1000株1567円の買い注文が500株だけ約定する条件は、次の指値がすべて約定するような成行売りが必要になります。

1570円　1000株 ⎫
1569円　200株 ⎪
　　　　　　　　　⎬　合計2900株の成行売り
1568円　900株 ⎪
1567円　800株 ⎭

1567円の指値買いで800株だけ約定すれば、先に入っていた300株の買い注文と、新たに注文を入れた1000株のうち500株が約定することになります。したがって、必要な条件としては、以下のようになります。

1000株＋200株＋900株＋800株＝「2900株の成行売り注文」

また、これ以外の答えとして、事前に入っていた以下の指値買い注文がすべて取り消された後、500株の成行売り注文が入ったときも考えられます。

1570円　1000株 ⎫
1569円　200株　⎬　すべてキャンセルされたうえ
1568円　900株　⎪　で500株の成行売り
1567円　300株 ⎭

Q4

	成行	
2,470,000	OVER	
200	1,593	
300	1,592	
5,300	1,591	
12,200	1,590	
400	1,589	
100	1,588	
100	1,585	
100	1,584	
200	1,583	
100	1,582	
	1,570	1,000
	1,569	200
	1,568	900
	1,567	300
	1,566	900
	1,565	1,300
	1,564	700
	1,563	1,100
	1,562	1,800
	1,561	5,300
	UNDER	2,140,800

ここを超えるときに15株以上の出来高があるかどうかが大事

株価が1590円を超えたときに1万株以上の出来高がともなえば、実際に売買が成立したため「見せ板ではなさそう」と判断します。しかし、株価が1590円を超えたとき、出来高が指値注文数と比べて明らかに少なかったら、「注文が取り消された（見せ板の）可能性が高い」と判断します。ただし、仲間内で売買を成立させて、意図的に出来高をつくるという手法もあります。その場合、「自然な出来高」か「つくられた出来高か」を完全に識別することは困難です。

Q5

売気配株数	気配値	買気配株数
500	成行	2,900
—	OVER	
	—	
	—	
	—	
100	1,051	
1,000	1,050	
100	1,040	
100	1,030	
100	1,029	
1,000	1,020	
前 3,600	1,000	
	999	前 2,900
	914	200
	906	100
	904	100
	903	300
	902	100
	901	100
	895	200
	892	200
	890	300
	UNDER	3,400

表示されていない！

【板II】

◎ 1051円より上の板が表示されていないため、1051円が値幅制限上限でストップ高の株価であることがわかります。つまり、「ストップ高近くまで急騰した銘柄」であることが読みとれます。

◎ 板を見るとそれぞれの価格（気配値）に100〜300株の少ない注文しか入っていないため、板が薄いことがわかります。

◎ このように板が薄い状態では、まとまった成行注文が入ると、株価は大きく動きやすくなります。

売気配株数	気配値	買気配株数
—	成行	—
400,000	OVER	
1,000	105	
1,000	104	
1,000	103	
1,000	102	
1,000	101	
1,000	100	1,000
	99	1,000
	98	10,000
	97	135,000
	96	1,000
	UNDER	1,000,000

まわりと比べて明らか
に大量の注文

【板III】

◎ 気配値97円だけ、明らかに周りの気配値に比べて大きな指値買い注文が入っていることがわかります。

◎ これは「この97円は割らせないぞ」という投資家の意思を感じさせる注文です。

◎ この板を見たら、多くの投資家は少なくとも「売りにくい」と思うでしょう。

◎ この97円の135,000株の指値買い注文が「見せ板」の可能性はありますが、ここまであからさまに大量の指値買いを入れられると、株価上昇の可能性を意識します。

◎ ただし、これが「見せ板」で、急にこの指値買い注文が取り消され、これをきっかけに株価急落の可能性もあるので要注意。

売気配株数	気配値	買気配株数	
45,000	成行	1,250,000	← 大量の成行買い
―	OVER		
	―		
	―		← 表示されていない！
	―		
	―		
	―		
80,000	1,250	1,000	
	1,250	1,500,000	
	1,248	20,000	
	1,247	20,000	
	1,246	30,000	
	1,245	25,000	
	1,242	30,000	
	UNDER	120,000	

【板IV】

◎ 1250円より上の価格が表示されていないため、「ストップ高」であることがわかります。

◎ 成行売り注文45,000株に対して、成行買い注文1,250,000株が大きく上まわっています。

◎ この状態で「ストップ高」から崩れるためには、新規に差分約120万株の売り注文が入る必要があります。

◎ ここまで需給のバランスが崩れると、その日はストップ高からずっと取引が成立しない可能性が高いと考えられます。

売数量	気配値	買数量
5,000	成行	
45,000	OVER	
5,000	55	
4,000	54	
4,000	53	
3,000	52	
5,000	51	
5,000 S	50	
	50	0
	—	
	—	
	—	
	—	
	—	
	UNDER	

ストップ安
マーク

表示されていない！

【板Ⅴ】

◎ 50円より下の板が表示されていないため、「50円のストップ安」であることがわかります。

◎ 成行買い注文が0株であるのに対して、成行売り注文5000株なので、たとえば1万株の成行買いなどちょっとした買いが入ればストップ安ではなくなることがわかります。

この形を探せ！ベストな「買いタイミング」

ここまで必要最小限に絞ってテクニカル分析を解説してきました。

株価の変動は、会社の業績や株価が急上昇したきっかけなど、さまざまな要素が複合的に絡み合います。そのため、株価チャートだけで完璧な判断ができるわけではありませんが、参考にはなります。

実際、過去に2倍、3倍、場合によっては10倍のテンバガーになった銘柄は、すべてこの形の株価チャートを経ています。

この株価チャートの特徴ですが、それまでずっと地上と地底の境界線を行ったり来たりして、出来高も少なかった銘柄なのに、出来

高が急増。株価も急上昇し、地上株の仲間入りを果たしています。

　この形の株価チャートが出現する背景には多くの場合、決算発表やIR（投資家向け広報）、新商品発表など、株価が上がった理由があります。

　調べてみても株価が上がった理由がわからなければ、その銘柄には触らないほうが無難です。

　この形の株価チャートを意図的につくって、株価を吊り上げようとする「仕手株」もあります。仕手株かどうかは、株価チャートだけではわかりません。株価が上がったきっかけを調べて、「実体があるかどうか」で判断しなければなりません。その銘柄の業績向上につながる実体があって、株価が上昇したのであればいいのですが、新商品発売や業務提携といったIR情報だけでは、まだ実績が出る前段階の「期待値」でしかないので注意が必要です。

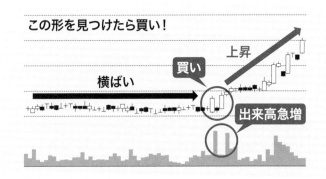

株価を大きく上げた銘柄の株価チャート

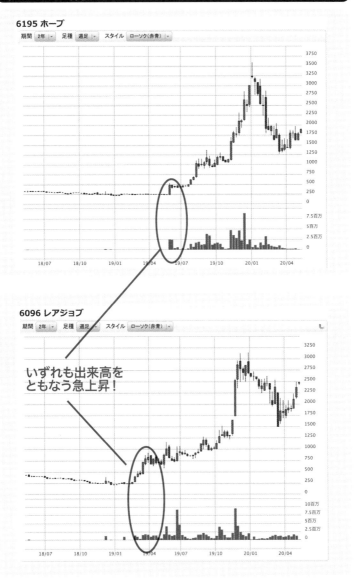

6195 ホープ

期間 2年 ▾ 足種 週足 ▾ スタイル ローソク(赤青) ▾

6096 レアジョブ

期間 2年 ▾ 足種 週足 ▾ スタイル ローソク(赤青) ▾

いずれも出来高を
ともなう急上昇!

チャートで見る
「売りタイミング」

　株式投資の基本は、「選ぶ」「買う」「売る」——これによって初めて利益を得られます。銘柄選定や買うタイミングと同じように、売るタイミングの判断も非常に重要です。

　結論からいうと、株価チャートから判断する「売る」「売らない」は、以下の2つに分かれます。

● **売らない ＝ 上昇トレンドが継続中**
● **売る ＝ 上昇トレンドが終わった**

　上昇トレンド継続中は保有し続け、上昇トレンドが停滞してきたら売りを検討、上昇トレンドが終わったと判断したら売る——これが基本です。

　多くの個人投資家は上昇トレンドにのって株価がちょっと上昇したらすぐに売ってしまい、逆に株価が下落しても「いつか反転するだろう」と根拠のない期待から含み損をいつまでも抱えて塩漬けしがちです。

　投資には損失がつきものですが、その損失を補って余りある利益を得るためには、利益を最大化しなければなりません。そのためにはトレンドをつかむ必要があります。

　そのために、これまで紹介してきた必要最低限のテクニカル分析（株価チャートや板）を役立てるわけです。

　1日に何度も売買を繰り返して差益を得ようとするトレードでは、株価チャートや板を頼りにシビアにルールを決めて売買しますが、

小型株集中投資では株価チャートや板だけで売買判断はしません。

株価チャートは、あくまで「補助ツール」として活用しましょう。

小型株集中投資の基本は、「その会社の将来の成長」に対して投資をするからです。

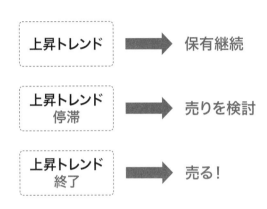

株価チャートや板は、あくまで目先の需給を把握するためのツールにすぎません。まだまだ成長余力を大きく残している銘柄であれば、多少上昇トレンドが崩れても「売らない」が正解になりますし、すでに成長余力がない銘柄であれば、少しでも上昇トレンドが停滞したら「売る」が正解になります。

では、次に株価チャートにおける「上昇トレンドが崩れるタイミング」について見ていきましょう。

→上昇トレンドが崩れるサイン
- Ⅰ 株価が中期移動平均線を割り込んで数日経っても戻らない
- Ⅱ 株価が長期移動平均線を割り込んだ
- Ⅲ 急騰からの急落の後、株価が上がらない
- Ⅳ 短期・中期移動平均線が2本絡まって、しばらく解けない

　たとえば次の株価チャートの場合、❶で株価が中期移動平均線を割り込んでいます（一度は上に抜けたもののすぐに下がっています）。また、ここで短期・中期の移動平均線2本が絡まってきました。ここでⅠ・Ⅳの売りサインが出現したことになります。

　❶の時点から上昇するパターンもよくあるので、完全に上昇トレンドが崩れたとは判断できません（目標の時価総額を超えている状態であれば、ここでの売りもOK）。

　❷で株価が長期移動平均線すら割り込みました。Ⅰ・Ⅱ・Ⅳの売りサインが同時に出たタイミングですから「売り」と判断していいでしょう。❷から上昇に転じることもあるにはあるのですが、可能性は低いです。

　❷の時点でまだ上昇余力があると思うなら、数日、様子見でもい

いでしょう。その数日で上昇に転じれば思惑通りで、下降トレンド
が止まらなければⅢと判断して潔く売りましょう。

実践ワーク⑥
チャートを参考に投資判断してみよう

　次のチャートと板を見て、201ページの表を埋めて投資判断を
してみましょう。

◎移動平均線（週足・期間2年）

◎移動平均線（日足・期間6カ月）

◎移動平均線（5分足・期間2日）

◎板

売気配	価格	買気配
132,300	OVER	
100	1,753	
5,200	1,752	
200	1,751	
1,800	1,750	
100	1,749	
100	1,748	
100	1,746	
6,000	1,745	
200	1,743	
200	1,740	
	1,734	1,500
	1,733	1,500
	1,731	100
	1,730	200
	1,729	3,000
	1,728	100
	1,726	100
	1,725	800
	1,724	1,600
	1,723	2,200
	UNDER	90,600
値下がり 1018回	値動き 1849回	値上がり 831回

STEP

5

必要最小限の株価チャートの見方

チェック項目		チェック内容	投資判断
移動平均線	移動平均線 （週足）のトレンド	上昇トレンド（継続・停滞・終了） トレンド不明 下降トレンド（継続・停滞・終了）	買い・中立・売り
	移動平均線 （日足）のトレンド	上昇トレンド（継続・停滞・終了） トレンド不明 下降トレンド（継続・停滞・終了）	買い・中立・売り
	移動平均線 （5分足）のトレンド	上昇トレンド（継続・停滞・終了） トレンド不明 下降トレンド（継続・停滞・終了）	買い・中立・売り
	地底株or地上株 （日足チャート）	地上株（上流・中流・下流） 地底株（上流・中流・下流）	買い・中立・売り
出来高	出来高 （日足チャート）	激増・微増・通常・微減・激減	買い・中立・売り
板	板の厚さ	厚い・普通・薄い	買い・中立・売り
	見せ板気配の有無	見せ板気配あり（売り・買い） 見せ板気配なし	買い・中立・売り
	直近株価近辺の 注文数	売り方が多い・中立・買い方が多い	買い・中立・売り
	OVERとUNDERの 注文数	売り方が多い・中立・買い方が多い	買い・中立・売り
株価	直近高値 （日足チャート）	株価を記入（　　　　　　　　円）	
	直近安値 （日足チャート）	株価を記入（　　　　　　　　円）	
	現在の株価	株価を記入（　　　　　　　　円）	
結論	最終的な投資判断 （※株を保有して いない場合）	今すぐ買い ○○円で指値買い 買わない	
	最終的な投資判断 （※株を保有して いる場合）	持ち続ける ○○円で指値売り 今すぐ売る	

実践ワーク❻ 答え合わせ

あくまで解答の一例です。実際の投資ではファンダメンタルズや事業の中身も確認したうえで最終判断をします。

チェック項目		チェック内容	投資判断
移動平均線	移動平均線（週足）のトレンド	上昇トレンド（継続）	長期的には買い
	移動平均線（日足）のトレンド	上昇トレンド（停滞）	中立
	移動平均線（5分足）のトレンド	下降トレンド（継続）	短期的には売り
	地底株or地上株（日足チャート）	地上株（中流）	買い
出来高	出来高（日足チャート）	通常（少し前に急増して上昇トレンドに転換）	中立
板	板の厚さ	普通	中立
	見せ板気配の有無	見せ板気配なし（数千株単位の注文もあるが売りと買いの両方にあるのでスルー）	中立
	直近株価近辺の注文数	中立（見えてる範囲の指値の総数は売り買いもそこまで変わらず）	中立
	OVERとUNDERの注文数	中立（やや売りが多いが誤差の範囲内）	中立
株価	直近高値（日足チャート）	株価を記入（　　　約1000円　　　）	
	直近安値（日足チャート）	株価を記入（　　　約2100円　　　）	
	現在の株価	株価を記入（　　　1734円　　　）	
結論	最終的な投資判断（※株を保有していない場合）	長中期的に考えて業績が伸びていくと思うなら「今すぐ買う」／そうでなければ「買わない」	
	最終的な投資判断（※株を保有している場合）	保有継続（「中長期では上昇トレンドが続いている／ここから地底株になるようであれば売り）	

なぜ株価は上がったり下がったりするのか?

そもそも、なぜ株価は上がったり下がったりするのか。みなさんはきちんと把握しているでしょうか?

株式投資の初心者も経験者も、ここで一度、価格が上下する仕組みをきちんと理解しておくことにしましょう。

たとえば、あなたを含む友人3人で100万円ずつ出して、レストランを立ち上げたとします。

幸いなことにレストランは順調にお客さんが増え、毎月30万円ほど利益を出せるようになりました。そこで、その利益30万円を、3人で毎月10万円ずつ分け合うことにしました。

3人が経営するレストランは口コミやネットで評判が高まり、2号店、3号店と店舗を増やしていきました。そして、当初は毎月30万円ほどの利益だったのが、1年後には毎月300万円もの利益を得ることができるようになりました。

3人で分け合う利益も、毎月100万円に増えたのです。

最初に出資した100万円は、すぐに「毎月30万円もらえる権利」になり、1年後には「毎月100万円もらえる権利」に大化けしたわけです。

そんなある日、あなたは共同経営する友人2人とレストランの経営方針の違いから、大ゲンカへと発展しました。その結果、友人1人が「オレは経営から離れる。もう勝手にやってくれ!」と「毎月100万円の利益がもらえる権利」を一般向けに売り出すことにしました。

なにせ毎月100万円をもらえる権利です。すぐさま、お金持

ちのおじさんが1000万円で買ってくれました。その権利を売った友人は、最初にレストランを立ち上げる際、100万円を出しているため、差し引き900万円を儲けました。

　もちろん、その900万円のほかにも、これまで毎月、レストランの利益の3分の1をもらい続けてきたので、最初の出資金100万円を大きく上回る投資リターンを得ています。

　もうお気づきかと思いますが、この「利益がもらえる権利」の正体が株式です。もともと100万円だった株が、レストランが繁盛して儲けが増えたことによって、1000万円の10倍株に大化けしたのです。

　「毎月100万円の利益をもらえる権利」を1000万円で買ったおじさんは、そのレストランが今後10カ月間、同じ利益を出してくれれば、投資した1000万円を全額回収できることになります。11カ月目からは、すべて利益としてチャリンチャリンとお金が懐に入ってくるのです。

　さらにレストランが繁盛し続け、4号店、5号店と店舗が増えていけば、毎月もらえる利益が増えるとも予想されます。

　このように株価が上がるときには、「高い価格でその株を買ってくれる人」の存在が必要になります。「いまよりもっと株価が上がる」と予想して株を買う人がいれば株価は上がりますし、逆に「いまよりもっと株価が上がる」と予想して株を買う人がいなければ、その株はそれ以上値上がりしません。

　レストランの話に戻しましょう。

　経営権の一部がおじさんに移ったレストランですが、そのまま順調にいくかと思いきや、ある日、食中毒が発生！ 保健所から営業停止の行政処分が下ってしまいました。

　地元で有名なレストランになっていたため、食中毒発生の情報が広まり、地元の新聞やテレビのニュースでも報じられてしまいました。

　このレストランの株を1000万円で買ったおじさんは大慌てです。食中毒なんか出してしまったら、営業再開してもお客さんはもう来てくれなくなるかもしれません。もしお店が潰れてしまったら、1000万円の大金をはたいて買った株が、ただの紙切れになってしまいます。

　おじさんは、こう考えます。「株が紙切れになってしまうくらいなら、安くなってもいまのうちに株を売ってしまおう」「1000万円で買った株だけれど、800万円にまけるから誰か買ってくれない？」しかし、食中毒が発生して一時営業停止になったことは周知の事実ですから、誰も株を買いたがりません。

　それでも、おじさんは粘ります。「800万円で誰も買わないなら、半額の500万円でいいから誰か買ってくれ！」

　実際の株価も、こんな感じで値下がりしていきます。

　以前のようにレストラン（会社）の経営が順調だと、株を持っている人に還元される利益も増えることになるので、その会社の株を欲しい人が増えて株価は上がります。逆に食中毒を出したりして会社の経営が傾くと、株を持っている人がもらえる利益も減るので、株価は下がります。

　このように株価の上下というものは、会社の業績の良し悪しと、株を売買する人の思惑によって成立しているのです。

株を買った後は
どうすればいい？

業績好調なのに
株価が下がるのはなぜ?

　成績のよい通知表をもらったら親は褒めてくれますし、成績の悪い通知表だったらしかめっ面をされます。しかし、株の世界では、好業績なのに株価が下がったり、業績不振なのに株価が上がったりする現象はよく発生します。

　こうした実体と株価の逆転現象が発生する原因は、投資家の「期待」です。この現象を「のび太くん現象」「出木杉くん現象」と私は呼んでいます。

　いつもテストで0点ばかりののび太くんが30点をとったら、周りの大人たちに「すごいな、のび太くん!やるじゃないか!」と褒め、のび太くんの株は上がるでしょう。

　一方、いつもテストで100点満点の出木杉くんが80点をとったら、周りの大人たちに「どうしたんだ、出木杉くん。大丈夫か?」と心配し、出来杉くんの株は下がるでしょう。

　投資の世界でも、まさにこうした投資家の心理によって株価が変動するのです。

　冷静に30点と80点を比べれば、80点のほうが成績がいいのは誰の目にも明らかです。しかし、ここに「みんな(投資家)の期待」が入り交じると、とたんに話が変わってきます。

　つまり、企業業績(決算発表)を受けての株価変動は、決算そのもののよし悪しではなく、「投資家たちの期待を超えられたかどうか?」によって決まるのです。

業績アップ（＝株価が上がる）

------------------------- （会社の業績） -------------------------

業績ダウン（＝株価が下がる）

○ 　　実際の相場

期待を超えた（＝株価が上がる）

------------------------- （投資家の期待） -------------------------

期待を超えなかった（＝株価が下がる）

明日は決算発表! どうすればいい?

　投資している会社の決算発表は、わが子の通知表を受けとるようなものです。決算発表後に株価が乱高下するのを見てから、初めて通知表が渡された事実を知ることがないようにしましょう。

　決算発表日は、会社HPに掲載されている「IRカレンダー」から確認できます（発表日未定となっている場合もありますが、期日が近づけば公開されます）。

　投資家は、「決算発表をまたぐかどうか」という問題にぶつかります。決算内容が悪いことを予測して決算前に株を売ったり、逆に決算内容がよいことを予測して決算前に株を買い増ししたりします。

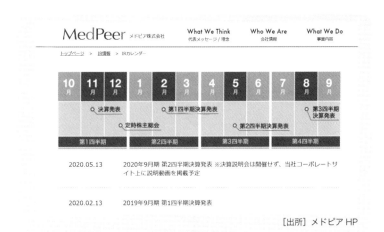

MedPeer メドピア株式会社　What We Think 代表メッセージ/理念　Who We Are 会社情報　What We Do 事業内容

トップページ ＞ IR情報 ＞ IRカレンダー

10月	11月	12月	1月	2月	3月	4月	5月	6月	7月	8月	9月
	決算発表			第1四半期決算発表						第3四半期決算発表	
		定時株主総会					第2四半期決算発表				
第1四半期			第2四半期			第3四半期			第4四半期		

2020.05.13　2020年9月期 第2四半期決算発表 ※決算説明会は開催せず、当社コーポレートサイト上に説明動画を掲載予定

2020.02.13　2019年9月期 第1四半期決算発表

[出所] メドピア HP

結論からいうと、決算をまたぐかどうかは、その会社への「投資戦略」と「決算前の値動き」によります。

たとえば、投資したばかりの場合、目先の決算の数字ではなく、もっと長い目でその会社のポテンシャルを評価して投資をしたときは、決算をまたぐことになるでしょう。

しかし、投資してからしばらく経って株価もある程度値上がりし、事前に立てた投資戦略からしても「そろそろ売ろうかな？」と考えているタイミングなら、わざわざどうなるかわからない決算発表をまたぐよりは、利益確定してしまおうと考えるかもしれません。

ほとんど株価に動きがなく注目されていない会社が、想像より良い決算を発表すれば、株価上昇の可能性が高いでしょう。多少微妙な決算内容が出たとしても、そもそも注目されていないため、決算後に意外と株価が下がらないケースもあります。

一方、決算発表前から期待度が高く、じわじわ上昇する会社もあります。「好決算になりそうだから決算発表前に買って、決算後に上がったタイミングで売ってやろう」という短期売買目的の投資家

が買っているケースです。

そういった投資家は、どのような動きをするでしょうか？　そうです、「決算後に売る」のです。こうして好決算を発表しても、上がっていた株価が一転して下がったりします。

まとめると、次のようなイメージです。

→ 決算発表をまたいで持ち越す

- ● 投資したばかりのタイミング
- ● 会社の成長余力がまだまだありそうなとき
- ● ほかの投資家からの注目度が低い銘柄
- ● 決算前にもかかわらず株価が動かない銘柄
- ● あまり注目されていないけれど、たぶん決算内容がいい

→ 決算発表前に売る

- ● 決算前に期待で買われて株価が上がってしまったとき
- ● そろそろ売ってもいいかな、と思っているとき
- ● 会社の伸びしろ自体がこれ以上あまりなさそうなとき
- ● 決算がみんなの期待を超えられそうにないとき

慣れてきたら
「特別枠」を活用してみよう

投資する銘柄数を増やせば増やすほど、投資は必ず雑になります。

投資資金が 100 万円あったとして、「10 銘柄に投資していいよ」といわれたのと「1 銘柄にしか投資しちゃダメだよ」といわれたのとでは、どちらのほうが真剣に投資先を調べるでしょうか？　もちろん、1 銘柄に集中したほうが真剣に、丁寧に調べますよね。

投資した後も、1 銘柄であれば情報をしっかりと追えます。これが 10 銘柄になると、間違いなく数カ月後には「あれ、この株なんで買ったんだっけ？　そもそもなんの会社だったっけ？」なんてことになります。

そうならないためにも、投資先は絞るべきなのです。投資額が増えたら銘柄数を少しは増やしてもいいですが、それでも増やしすぎると管理しきれなくなるので気をつけなくてはいけません。

投資資金別の保有銘柄数の目安は、以下の通りです。

● 資金別保有銘柄数の目安

10 万〜 300 万円	1 銘柄
300 万〜 1000 万円	1 〜 2 銘柄
1000 万〜 3000 万円	2 〜 3 銘柄
3000 万〜 1 億円	3 〜 5 銘柄

ちなみに小型株集中投資とは別目的（特別枠）で、いくつかの株を保有することは問題ありません。ただし、特別枠は小型株集中投資である程度、資金が増えてから活用するようにしましょう。

<u>特別枠の目安</u>

 短期的な株価上昇を期待する株 = 1銘柄

 数年単位の中長期保有をする株 = 2〜3銘柄

☑ 短期的な株価上昇を期待する株 = 1銘柄

　投資をしていると「短期的に上昇しそうな銘柄」を一時的に買いたくなることが出てきます。投資というよりは投機に近い性質を持ちますが、資産を増やすうえで、そういった短期的な売買の経験も活きてきます。

　ただし、短期的に値動きする銘柄は、毎日の細かいチェックが必要になります。そのため、このタイプの銘柄を同時に複数保有しないようにしましょう。必ず1銘柄に限定してください。

　無理に管理しようとすると、株価が気になりすぎて、本業の仕事が手につかなくなります。また、欲をかいて資産の多くを投資しないように注意しましょう。ある程度少ない金額で、いつでも逃げられるようにしておくことが大切です。

☑ 数年単位の中長期保有をする株 = 2〜3銘柄

　「目先の値動きは気にせず、数年単位で長期保有してみたい」と思える銘柄に出会ったとします。こうした銘柄は、投資した後に日常的なケアがあまり必要にならないので、定期預金のような感覚で

2～3銘柄を保有しておいてもいいでしょう。いくら長期的な特別枠だからといって、数多く保有すると管理できなくなるので気をつけましょう。

株を買った後の3つの選択肢

投資戦略をつくる際、「値上がりしたらどうするか」「値下がりしたらどうするか」を事前に決めておくことが大切です。

株を買った後の3つの選択肢

☑「目標株価」で判断

☑「時間軸」で判断

☑「新しいニュース」で判断

☑「目標株価」で判断

判断基準の1つは、事前に立てた投資戦略の「目標株価」までの進捗率です。

株価100円で買い、1年後の目標株価を500円に設定した場合、短期的に140円まで上昇したとしても、その進捗率では売るべきではありません。

　しかし、3カ月後の目標株価150円の場合、短期的に140円まで上昇したら判断は違ってきます。3カ月で株価100円→150円の目標株価に対して進捗率80％を短期間で達成したからです。この場合、目標株価150円にこだわって、リスクを負って差額10円（20％増）を狙うよりも、利益確定してしまったほうがより効率のいい投資といえるでしょう。

「時間軸」で判断

もう1つの判断基準は、「時間軸」です。

　1年後の目標株価500円として株価100円で買い、運よく投資した直後に好材料が発表されて連日ストップ高が続いたとします。

　購入後1週間で、あっという間に2.5倍の株価250円まで急騰。この場合、利益確定したほうが、よいでしょう。

　1年後に株価5倍を狙う投資戦略では、右肩上がりの株価上昇が続いたとしても、株価250円まで半年はかかる計算です。それがたった1週間で達成されたとなれば、リスクを負って残りの株価上昇を狙うより、予定していた進捗の半分であっても利益確定して、次の投資に備えるほうが、より効率的な投資になります。

　とくに短期間で株価が急上昇した銘柄は、同じくらいの短期間で急落するリスクが高まります。保有銘柄が意図せずストップ高になったときには、冷静に判断していきましょう。

「新しいニュース」で判断

株を買った後に出たニュースも、判断基準の1つです。

そのニュースを調べてみて、「当初予定していた目標株価より、さらに大きく伸びそうだ！」と確信に近いものが得られた場合、「株を買い増す」という選択もアリになります。

　たとえば、半年後の目標株価300円として株価100円で買ったところ、その会社が大企業と業務提携を発表。株価3倍どころか10倍のテンバガーの可能性もあると判断したとします。

　この時点で株価150円になり目標株価に対して進捗率50%になったとしても、新たに株価10倍を狙える好材料を得たとなれば、さらに買い増すメリットは大いにあります。

　株価150円→300円狙いの投資では買い増す理由はなくとも、株価150円→1000円の投資では買い増す理由は十分にあるのです。

　ただし、短期的に急上昇してストップ高になった銘柄は、その後、急落するリスクも高まりますから、買い増す場合は資金管理を徹底するようにしましょう。

値下がりしたらどうする？

　買った株が値下がりしたときは、結論からいうと「さっさと売る」
のが基本です。

　そもそも、値上がりすると思って買った銘柄が値下がりしたとい
うことは、当初の目論見がハズれたということです。その事実を受
け入れたうえで、どうするかを判断していきましょう。

　基本的に下がった株はすぐに手放して、上がった株を大事にしっ
かり握る。それだけで圧倒的に投資のパフォーマンスは上がるはず
です。

　**これを踏まえたうえで、株価下落時の判断基準になるのは、どの
くらいの損失なら許容できるかの「許容リスク」です。**

　基本的には、投資戦略で設定した許容リスクの範囲内の損失であ
れば「保有継続」、許容リスクを超える損失が出たら「売る」です。

　1年後の目標株価500円として株価100円で株を買った場合、
短期的に株価80円まで下落したとしても、そこで慌てて売るべき
ではないでしょう。株価5倍を目指す銘柄で、目先の−20%程度
の含み損は誤差の範囲内だからです。

　一方、3カ月後の目標株価150円として株価100円で買った場合、
同じく短期的に株価80円まで下落したら、素直に自分の目論見が
ハズれたことを認めて、損切りするほうがいいでしょう。3カ月と
いう時間軸で株価上昇を期待したにもかかわらず、短期間ですぐに
下落して含み損を抱えてしまったのですから、損切りの判断となり
ます。

　もう1つ、次のケースはどう判断するといいでしょうか？

1年後の目標株価500円として株価100円で買い、半年後に株価300円まで上昇して順調かと思っていたら、その後、株価250円まで一気に値下がった――「株価が下がった」という事実は同じですが、含み損が増えたのではなく、含み益が減ったケースです。

　このような場合も、広く全体を見渡すことを忘れないようにしましょう。株価300円まで上昇した後、株価250円まで値下がりした差額50円が、「一時的な調整」なのか「本格的なトレンド転換」なのか、その判断がポイントになります。

　一時的な調整で中期移動平均線の上で株価が推移している状態であれば「保有継続」。移動平均線がグチャグチャに絡まって、株価が長期移動平均線を割り込んで戻ってこなくなったら、トレンド転換と判断して「株を売る」。

　このように考えるといいでしょう。

　保有株の株価が値下がりしたとき、さらに株を買い増すことを「ナンピン（難平）買い」といいます。

　保有株数を増やすことで、平均購入単価を下げる効果がありますが、これは「いちばんやってはいけないこと」です。

　「下がったら買い」「下がったら買い」を続けていれば、平均購入単価が下がって、そのうち反転して値上がりすれば挽回できるというのがナンピン買いの狙いです。しかし、ナンピン買いしていいのは余剰資金が潤沢にあって、なおかつその会社と心中してもいいと思える場合だけです。

　下がっている株は下がり続ける傾向があります。保有株が値下がりしたときは、負けを認めずナンピン買いするよりも素直に自分の失敗を認めて、損切りしたほうが無難です。勇気ある撤退をして、次の投資に活かすようにしましょう。

「株価が全然動かない！」ときの対処法

「買った株が下がりもしないけど上がりもしない」

こんなとき、あなたはどうしますか？

「損していないのだから、そのまま保有しておけばいい」と思うかもしれません。一見すると損はしていないようですが、実は見えないところで損しているのです。

それが「機会損失」です。

投資とは、よりお金が増えそうなところに自分のお金を移動し続ける行為です。 つまり、値動きしない株に資金を塩漬けさせておくと、値上がりするほかの株に投資をしていたら得られたはずの利益を得られないのです。

これが値動きしない株を持ち続けることによる損失の正体です。

株価が上にも下にも動かない銘柄は、そもそも投資家に注目されていないので、さっさと現金化してほかに値上がりしそうな銘柄に投資をするほうが得策です。

保有株を売る？　持ち続ける？

　投資とは、「自分のお金をより増えそうな場所に移動し続ける行為」です。

　いまお金を置いている場所では、これ以上お金が増えそうにないと判断したら、迷わずほかの場所に移すことを考える。それが投資の基本です。

　実際に投資を始めてみると、株を「買う」タイミングより、「売る」タイミングのほうが難しいと感じるはずです。“いつ株を売るか問題”は、常に投資家を悩ませています。

　株を売るべきタイミングに売れない人は、よくこんなことをいいます。

「まだまだ上がる気がした」

「いまは含み損があるけど、そのうち上がると思う」

「一時的に値下がりしているだけかもしれない」

「損失を確定したくなかった」

　こうした心理状況は、行動経済学では「保有効果」と呼ばれています。自分が所有しているものに高い価値を感じて、それを手放すことに抵抗感を抱く人間の心理のことです。

　すでに保有しているものは、まだ保有していないものに比べて、2倍もの価値を感じるともいわれます。なぜなら、すでに費やしてしまったお金や労力を無駄にしたくないという心理が働くからです。

　こうした心理の呪縛から、株式投資ではどんどん含み損が増えていくことがあるのです。

　では、どうしたらいいのでしょうか？　実は簡単な問いかけをするだけで、この問題は解決します。

「この株を持っていなかったとしたら、いま買うだろうか？」

　答えが「YES」なら、そのまま保有し続け、「NO」なら売る、と判断するのです。

　このように判断して株を売ったにもかかわらず、その後、また同じ株を有望だと判断して買いたくなったら、そのときにまた買い戻せばいいだけの話です。私の経験上、それで問題はありません。

　売買手数料が多少はかかるとはいえ、そのまま値下がりし続ける株をズルズル保有するよりは、大きな経済的メリットが得られます。

もし、「いま売ったら損失が確定してしまう！」と二の足を踏んでしまっているとしたら、売っても売らなくても、すでに表示されている損失は確定していると考えてみてください。

　ある株に100万円を投資して、株価が半値まで下落してしまったとしましょう。あなたの証券口座の画面上には、次のように表示されているはずです。

（証券コード）:1234

会社名	××商事
現在値	500円
取得単価	1,000円
評価額	500,000円
評価損益	−500,000円
評価損益率	−50%

　この画面を見てしまうと、「売ったら損失が確定してしまうから売りたくない」とためらう気持ちが生じるのはわかります。

　しかし実際のところ画面の裏側では、このような状態になっています。

××商事の経営陣に現金50万円を預けている

あなたが 100 万円を投資した ×× 商事の株の価値は、半値の 50 万円になっています。これはあなたが ×× 商事の経営陣に 50 万円を預けているのと同じ状態です。

もちろんあなたの意思で、いつでもその 50 万円を返してもらうこともできますし、引き続き 50 万円を預けておくこともできます。

この状況をイメージして、次の問いに答えてみてください。

> **いま手元に現金 50 万円あったら**
> **×× 商事の経営陣に預けますか？**

答えが「YES」なら、そのまま保有し続け、「NO」なら売る。そう判断してください。

STEP

7

保有株が暴落したら
どうすればいい？

「株価暴落」4つの予兆

　投資をしていると、株価が大きく下がる局面が訪れます。

　「ライブドアショック」(2006年1月)、「リーマンショック」(2008年9月)、「コロナショック」(2020年3月)と、これまでに世界的な株価暴落の局面がたびたび訪れています。こうした暴落に限らず、年に何度かは「調整相場」というものが起こり、全体相場がドンと下がることがあります。

　こうした相場全体の暴落を正確に予測することは、ほぼ不可能です。ただ、多くの暴落は後から振り返ると、事前にしっかりと前兆が現れています。前兆が現れたからといって、必ず暴落するわけではないのが難しいところですが、「暴落するかもしれない」という心構えができるかできないかの差は大きいでしょう。

　そこで、「暴落の前兆」について紹介します。

株価暴落の4つの予兆

☑ **株価が急騰したとき**

☑ **信用買いが増えすぎたとき**

☑ **素人が買い始めたとき**

☑ **人の行動が変化したとき**

✓ 株価が急騰したとき

　株価急騰のきっかけが「その会社の業績を押し上げる確かな好材料」であるならば問題ないのですが、多くは業績に反映される前の「投資家の期待だけ」で買われています。株価急騰は「みんなが慌てて買っている」ともいえるのです。

　投資家の期待だけで買われて急騰した銘柄は、その株価を裏づける「業績」の実体がないまま株価だけ上がることが多いので、少しでも期待が裏切られたら一気に暴落します。

　株価が急騰するとチャートの上昇トレンドを察知した短期目線のトレーダーなど、慌てて投資をする属性の投資家たちが集まってきます。こうして買いが買いを呼ぶ展開になるケースもあります。

　こうなってしまうと、実際の業績とはかけ離れた水準の株価まで吊り上がってしまいます。そうなると、次にその株を保有している多くの投資家が、売るタイミングを探り始めます。

　そして、誰かが一度売って株価が下がると、みんな一斉に売り始めるという急下降トレンドに突入します。売りが売りを呼ぶ展開になり、株価は暴落するのです。

✓ 信用買いが増えすぎたとき

　お金を借りて投資する信用取引には、金利がかかったり決済期限が決められていたり、なにかと制約があるため、信用取引を手がける投資家は、短期売買する傾向があります。

　信用取引の注文数は公開されているため、これにより目先の需給のバランスを把握することができます。たとえば、次ページの「週次信用残高」を見ると「信用買い残」のほうが「信用売り残」より

株数が5倍も多い状態です。信用買い残が多いということは、この株が上昇すると思って買っている投資家が多いということです。

信用買いが増える株は、投資家が「信用取引（借金）してでも買いたい」という株なので、短期的に上昇するケースが多いです。

しかし、こうして積み重なった「信用買い」というのは「近い将来の売り」にもなります。株取引には「現物」と「信用」の2つの取引方法がありますが、通常の現物で買っている人が多ければ、「数カ月・数年単位で保有し続ける」つもりで買っているかもしれません。しかし、信用取引には金利がかかるため、信用で買っている人は「少し上がったら売って利益確定しよう」と考えている可能性が高くなります。

つまり、「信用買い残」が増えてきたということは、近い将来にそれだけ「売り注文」が増えるということなのです。信用買いが増えてきた場合は、急落の注意が必要になります。

信用買いが多いか少ないかは、相対的なもので単純に何株以上は多くて何株以下は少ないとはいえません。多いか少ないかを判断する方法は、「発行済株式総数」と「1日の出来高」と比較した割合で考えます。

全体に流通する「発行済株式総数」のうち、信用取引で売買され

週次信用残高		
05／01	株数	前週比
信用買い残	866,500	+51,700
信用売り残	164,000	−50,600

［出所］マネックス証券

ている「信用買い残」の割合が多い場合は株価急落の「リスク高」、割合が少ない場合は株価急落の「リスク低」と考えられます。

→ リスクが高い状態

- 発行済株式総数：10万株
- 信用買い残：1万株
- 1日の出来高：2万株
- ▶発行済株式総数の10％が信用買い残
- ▶1日の出来高の50％が信用買い残

→ リスクが低い状態

- 発行済株式総数：100万株
- 信用買い残：1万株
- 1日の出来高：50万株
- ▶発行済株式総数の1％が信用買い残
- ▶1日の出来高の2％が信用買い残

「回転日数」というモノサシも、株価急落の予測に役立ちます。回転日数とは、「残高株数（融資＋貸株）の1日平均×2÷新規および返済株数（融資＋貸株）の1日平均」で求められるもの。

回転日数が10日なら、その銘柄の信用取引が平均して10日後に反対売買されるという意味です。つまり、この回転日数が短ければ短いほど、短期的な売買をしている投資家が多いことになります。

株式相場の上昇局面では回転日数は短く、下落局面では長くなる傾向があります。「回転日数が短くなってきたら要注意」とシンプルに覚えておくといいです。

☑ 素人が買い始めたとき

　明らかに普段、投資しない人たちが株を買い始めたときも、暴落の前兆となります。前著でも紹介した「靴磨きの少年が株の話をし始めたら売り」という逸話がありますが、この現象はいつの時代も繰り返されています。

　2017年後半から同年末にかけて、インターネット上の暗号資産（仮想通貨）「ビットコイン」の価格が急騰しました。あのときも仮想通貨取引所（交換取引所）のテレビCMが毎日流れ、普段明らかに投資をしないであろう高校生が電車のなかでビットコインの話をしていましたし、テレビでも普段投資をしないお笑い芸人がビットコインを買ったという話をしていました。

　これと同様に、ある銘柄の話題がTwitterなどで大きく盛り上がって株価が急上昇したような場合も、その後に暴落するリスクが高くなります。

　急上昇した株価がさらに上昇するためには、さらに高い価格で買ってくれる投資家の存在が必要です。しかし、株の素人が入ってきて株を買った後、いったい誰がもっと高い価格でその株を買うのでしょうか？

　盛り上がっているパーティー会場に、遅れて行ってお酒を注がれて気持ちよく飲んでいたら、いつの間にか誰もいなくなって、最後にお会計だけが残っている……。

　そんな悲惨な状況にならないためにも、「明らかに普段投資をしない人たちが最近買ってるな」と感じたら、株価暴落を意識して備えましょう。

☑ 人の行動が変化したとき

　2008年のリーマンショックでは、アメリカで住宅ローンを払え
ない人たちが急増し、空き家が増えたり、家賃を滞納しながら住み
続ける人が増えたりしました。

　2005年時点でサブプライムローン（信用力の低い人向けの住宅ロー
ン）の問題点を見抜き、リーマンショックで大儲けした男たちの映
画『マネー・ショート　華麗なる大逆転』（2015年）は、相場師た
ちの奇怪な想像力とお金の魔力が同時にあぶり出された作品です。
株式投資の勉強にもなる作品なので、興味がある人はぜひ観てみて
ください。

　2020年のコロナショックでは、それまではインバウンド（訪日
外国客）で賑わっていた東京・銀座や京都・嵐山から観光客の姿が
一気に消え、新幹線も空席ばかりになりました。

　勝てる投資家になりたければ、このように世の中の人の動きが急
変したにもかかわらず、株価がそれを織り込んでいない状態に違和
感を持たなくてはいけません。

　**株価（株の価値）を裏づけるのは、その会社の業績です。会社が
業績を伸ばし続けるには、その会社の商品・サービスを買ってくれ
る消費者の存在が欠かせません。**

　株価と経済は密接につながっています。ある会社が潰れると、そ
の影響が関連会社に波及します。飲食店が潰れれば、店舗スペース
の貸し主は、家賃をとりっぱぐれる可能性がありますし、食材やお
酒の納入業者も配送業者も売上が減ります。さらに、飲食店の従業
員やアルバイトが失業するため、住居の家賃にも影響が広がるかも
しれません。

世の中の人々の行動の変化によって、たった1つの会社が潰れることで、株式相場全体に影響が及ぶ可能性もあるのです。

暴落を事前に察知し回避するためにも、世の中の価値観の変化や人々の行動の変化には、常にアンテナを張っておくといいでしょう。

「株価暴落」2つのパターン

株価が暴落するときは、大きく2つのパターンがあります。

それぞれ、どう対応するべきかを考えていきましょう。

株価暴落の2つのパターン

 特定の株が暴落する

 すべての株が暴落する

☑ 特定の株が暴落する

これは株価暴落の原因が、その会社自体にあるケースが多いです。

基本的な考え方としては、次の通りです。

◎ **業績に影響なく一時的な需給変化の値下がり▶保有継続**

◎ **業績に深刻な影響が出る値下がり▶売る**

いちばん大事なのは、「株価が暴落した理由」です。

暴落した理由が、（株価の価値を裏づける）会社の業績を根本的に悪化させるものであれば「売る」、そうでなければ「保有継続」が基本です。

いくつか具体例を見ていきましょう。

✓ 決算内容が悪くて暴落

いちばん多い株価急落の原因が決算です。決算が投資家たちの期待よりも悪かった場合、たくさんの株が売られて株価が暴落します。

この場合、発表された業績悪化の原因が「一時的なものか」それとも「中長期に及ぶものか」で保有継続か売るかを判断します。

たとえば、一時的なシステムトラブルや負債処理によって利益が減っただけで、中長期的な事業には影響がなさそうな場合、保有継続でもいいでしょう。

一方、利益はそこまで減っていなくても、中長期的に「もうこれ以上伸びないな」と思うような決算内容であれば、「売る」という判断をするほうが賢明です。

✓ 株価が急騰した後の急落

ポイントはその急落が「一時的な調整」なのか、それとも「もうこれ以上の成長がないから」なのかを見極めることです。

たとえば、時価総額1000億円規模まで成長余力があると見ている会社が、時価総額100億円前後で株価が急騰した後に急落したとします。これは長い目線で見たらまだ小さな調整であるため、「保有継続」という判断になる可能性が高いでしょう。

しかし、同じ会社が時価総額800億円規模になった時点で株価

が急落したとしたら、「あ、そろそろ成長の限界なのかもしれないな」と考えて「売る」という判断になる可能性が高くなります。

　その急落によって時価総額はいくら減ったのか？　減った時価総額は、将来的な時価総額から見て大きいのか、小さいのか？　といった目線で考えます。

✔ 大株主の社長が自社株を売却したときの暴落

　会社の実体や成長余力について、いちばんよく知っているのは、その会社の経営陣です。大株主の社長や社外の大株主が保有株を大量売却したときは要注意です。

　一般の投資家には公開されないような、「契約」「訴訟」「社内・顧客トラブル」「事業リスク」などの生情報に日々アクセスしている経営陣が自社株を売却するということは、自社株を売ってまで現金化しなければならないほど経営が行き詰まっているか、「もうこれ以上株価は上がらない」と思っている可能性が考えられます。

　「社長が自宅を購入するために現金が必要だから」とか「別の資産を取得するための現金化」という理由で株が売られることもありますが、あまり大きくない株数の売却であれば、許容してもいいかもしれません。

　しかし、**大株主が株を売却するというのは、ポジティブな材料ではありません。「株が売られた理由はなにか？」を冷静に見極めて判断していきましょう。**

✔ 配当金が減って暴落

　配当金とは、会社が得た利益の一部を株主へ支払うものです。購入した株価に対して、1年間でどれだけの配当金を得られるかを示

す「配当利回り」を絶対視するような投資家も多く存在します。

　そういう投資家は、**配当金が減ったり無配当になったりすると、その株を保有するメリットがなくなるため売り出します。そのため、高配当だった銘柄の配当が減ったりすると、株価は急落する傾向があるのです。**

　配当金については投資家の間でも賛否両論で、さまざまな意見があります。たしかに高配当を出せるほうが優良銘柄であることに異論はありません。しかし、高配当を「出せる」と高配当を「出す」というのは経営判断が異なります。

　升に入れたコップに日本酒を注ぐのにたとえると、配当金というのはコップからあふれた分のお酒です。このあふれたお酒をその場ですぐに飲んでしまうのが、配当を「出す」という経営判断です。一方で、あふれた分のお酒を使って、コップと升のサイズをもっと大きくしようとする先行投資型の経営スタイルもあります。

　先行投資とは、現時点では直接の利益に結びつかないものの、将来的な業績拡大を期待して行う投資のことです。

　配当金を出すこと自体は悪いことではありません。ただ、配当金を出すということは別の視点からすると、「もう十分コップと升が大きくなったから、ここから先はみんなで一緒にお酒を楽しもうよ」という経営判断であるともいえます。

　私としては、「これから急成長する会社は、利益が出ても配当を出さず、先行投資する」と考えています。

　米アマゾンは1997年に上場して以来、一度も配当金を出していませんが、株価は上場当時と比べて約2000倍以上（2020年8月時点）まで上がっています。

✔ 訴訟が起こって暴落

　競合他社や顧客との間でトラブルを抱えて、それが訴訟に発展した場合、株価が急落することがあります。

　「訴訟で負けたときの賠償金や和解金の支払いによって会社の利益が減る」という思惑から、訴訟のニュースが流れただけで株価が下落したりします。

　実際のところ、上場企業ともなれば、訴訟したり訴訟されたりするのは日常茶飯事です。残業代の未払い、セクハラ・パワハラ問題、横領、著作・特許権侵害、契約不履行、支払い滞納、欠陥品による事故、情報漏洩など、ビジネスを拡大すればするほど、こうした問題は次々と発生します。やはり大切なのは、訴訟された内容が「その会社の事業を揺るがすレベルなのか？」という点です。

✔ 粉飾決算で暴落

　不正な会計処理によって決算書（貸借対照表・損益計算書）を操作して、財務状況や経営状態を実際よりもよく見せる「粉飾決算」が発覚した場合、基本的に一発アウトです。

　株を買うということは、「その会社の経営陣を信頼してお金を託す」ということでもあります。お金を託した投資家に対して、経営陣は正しい数字を報告する義務があります。そうでなければ投資家は正しい投資判断ができなくなります。

　粉飾決算は経営陣と投資家との信頼関係を一発でゼロにする詐欺行為です。その時点で投資をする価値がないと考えていいでしょう。すぐさま売ったほうがいいです。

　ただし、稀に粉飾決算で株価が暴落した会社が、ほかの企業に買

収されるパターンもあります。不正を働いた経営陣が一掃され、経営再建をすることが多いのですが、この場合、ゼロベースで投資するかどうかを再検討する余地は残ります。

▼ 理由不明で暴落

意外と多いのが「理由不明」で暴落するパターンです。特に出来高の少ない小型株に多い現象です。

日経平均などの全体相場が大きく下がったときは、それに引きずられる形で小型株も大きく下げたりします。政治的要因、テロ、国際情勢、国の政策・法改正、為替変動など、さまざまな要因を織り込んで株価は動きます。

全体相場が下がった要因をはっきりさせて、それが一時的なものであったり、保有銘柄のビジネスに影響がなかったりするときは、問題はありません。ただし、リーマンショックのときのように経済全体が中長期的に不景気になる場合、注意が必要です。

一方、全体相場とは関係なく、単純にその銘柄に対して大口の成行売り注文が入った場合も、株価が急落することがあります。特に小型株は板が薄く（172ページ参照）、出来高も少ないことが多いため、数百万円〜1000万円規模の成行売り注文が入るだけで、急落することがあります。

たとえば、次の板の状態で、5000株（約500万円分）の成行売り注文が入ったとします。すると、「買気配」の欄には合計3900株の買い注文しか入っていないため、全3900株の買い注文が成立しても（5000株-3900株で）残り1100株の売り注文が残ってしまうため、株価は「ストップ安」をつけてしまいます。

売気配	価格	買気配
4,200	OVER	
300	980	
100	968	
100	965	
100	964	
700	960	
100	950	
100	945	
100	915	
100	912	
前200	910	
	895	前100
	883	100
	880	200
	870	100
	868	100
	864	200
	862	100
	861	100
	850	100
	846	200
	UNDER	2,600

　最低限の知識を備えた投資家は、この板情報から一気に5000株の成行売り注文を出すことはないと思いますが、たまに桁を1つ間違えて注文してしまうこともあります（冗談みたいな話ですが、本当にあるのです）。

　こうした注文ミスでないならば、もしかしたらその会社に関する公開前のネガティブ情報があって、それを知った大株主がまとめて売った可能性も考えられます。

　「株価が急に下がった」という事実だけで、その裏にある真意を確認することは現実的ではありませんが、可能性のある事実を織り込んだうえで投資判断をするといいでしょう。

不景気なのに上がる株

　世の中全体の景気がいいときは、どんな株を買っても上がります。一方で世の中が不景気になると、特に大企業を中心に株価はズルズル下がっていきます。しかし、不景気のときこそ、これからしっかり伸びていく小型株が割安で放置されるため、将来的に大きな資産を築く大きなチャンスなのです。

　不景気なのに上がる株というのも存在します。どれだけ不景気だろうが「衣食住」は欠かせません。コロナ禍で外出自粛になると「衣」「外食」の需要は減るかもしれませんが、生活に必要な需要は消えることはありません。

　不景気のときの投資先のキーワードは「インフラ」です。

　インフラと聞くと、「電気」「ガス」「水道」「流通」「物流」などの業種が思い浮かぶかもしれません。しかし、こうしたインフラを展開しているのは、「中部電力」「東京ガス」「イオン」「SG（佐川）ホールディングス」など時価総額が1兆円とか2兆円規模の大企業ですから、これからの伸びしろは限定的です。

　小型株集中投資の投資先は、「これから需要が高まるインフラになりそうなサービス」を提供している会社です。「人々の行動がどう変化して、どういうものにお金を使うように変化するのか？」という視点で考えると、その答えは見えてきます。

　たとえば、コロナ禍による自粛期間にも見られましたが、外食産業の業績が落ち込む半面、お酒や食品のネット通販の業績は向上しました。たとえば、オンラインワインショップの売上も軒並み過去最高を更新しました。

将来の見通しが不透明になればなるほど、将来に備えて資産運用を始めようとする人も増えます。新たに証券口座を開設して投資を始める人が増えて株取引が増えれば、取引手数料で商売をしている証券会社の業績も向上します。

　また、景気が悪化しても、健康維持への自己投資は下がりにくいです。そのため、ヘルスケア業界は不況に強いと考えられます。

　投資でうまくいく人は不景気になったとき、「人々の動きはどう変化するのだろうか？」という視点で行動の変化を予測し、投資先を選びます。「不景気のいまだからこそ、投資を始めるチャンス」と考える人が、大きく資産を増やしていくことができるのです。

「信用取引」の注意点

　現金や株を担保として証券会社に預け、お金を借りて株を売買する「信用取引」（預けた担保の約3.3倍まで株取引可能）は、短期間で大きな資産を築くことができる一方、短期間で大きな損失につながる可能性もあります。

　借金して投資するのですから金利がかかるうえ、「反対売買」をするための期限が設けられています。反対売買とは、買った銘柄を売る、あるいは売った銘柄を買うことで、買った銘柄（あるいは売った銘柄）は、必ず期日までに決済しなければならないのです。

　そのため、信用取引は中長期的な投資には向いておらず、短期的な投機目的で活用するのに適しています。ただし、売買期限が設けられている分、本当は売りたくないタイミングでも、売らざるを得ない可能性も出てきます。

　自己資金の範囲内で投資する「現物取引」であれば、その会社の業績が伸びているうちは、多少株価が下がっても保有し続けることができます。ところが、少ない手持ち資金で大きく取引できる信用取引でレバレッジをかけていると、少し値下げしただけで強制的に売られてしまうケースもあります。

　こうしたことから、中長期的な投資は現物取引が基本となります。

　その基本を前提に、スポット的に信用取引を活用することは、資産運用を効率化する手立てとして否定はしません。もし信用取引をするのであれば、その性質や仕組みをきちんと理解したうえで使うようにしましょう。

　信用取引で失敗して身動きがとれなくなるパターンとしては、流動性の低い銘柄を信用取引で大量に買い、その株価が下がったときです。

　売って損切りするにしても、自分の売りでさらに株価が下がってしまうので、売るに売れない状況になってしまいます。

　また、現物株を買って、それを担保に信用取引をする、いわゆる「二階建て」は避けたほうがいいです。株価が上昇している最中はいいのですが、一度下がり始めると、一気に資産を減らして相場から退場することにもなりかねません。

「二階建て」の仕組み

信用取引のみ
現金100万円
信用取引で200万円分の株を購入

▼（株価が20%下落）
信用取引の時価160万円（−40万円）
信用維持率：37.5%
損切りしたとき：60万円が口座に残る
担保となる現金100万円自体の担保価値は
変わらないので高い「信用維持率」をキープできる

●「信用維持率」とは？
「総建玉（たてぎょく）金額」（売買約定後に反対売買されないまま残っている未決済の金額）に対する信用保証金の割合です。新規建てできる委託保証金率は33%（建玉が大きいほど維持率は低くなります）で、信用維持率をもとに計算された取引可能額は「信用余力」として表示されます。

二階建て
現金100万円で100万円の株を購入
信用取引で200万円分の同じ株を購入

▼（株価が20%下落）
現物株の時価80万円（−20万円）
信用取引の時価160万円（−40万円）
信用維持率：25%
損切りしたとき：40万円が口座に残る
担保となる100万円分の株自体の価値が
20%下がるので信用維持率が急激に悪化
「追加保証金（追証）」が発生するリスクが高まる

●追証（おいしょう）とは？
信用取引では、定められた担保(保証金)率を維持する必要があります。信用で買建てた銘柄の値下がり（売建てた銘柄の値上がり）による建玉の含み損や担保の値下がりによる担保価値の低下により、担保(保証金)率が一定の比率(最低維持率)を下回った場合、定められた期日までに追加で担保(保証金)を預け入れる必要があり、これを「追証」といいます。

「相場退場」3つのパターン

　相場からの退場を防ぐためにも、以下の3パターンは必ず避けるようにしましょう。相場から退場する3つのパターンには、すべて信用取引が絡んでいます。

相場からの退場3つのパターン

☑ **レバレッジをかけすぎた信用取引**

☑ **信用買いで損切りできない**

☑ **空売りで損切りできない**

☑ レバレッジをかけすぎた信用取引

　投資を始めたばかりの人が、信用取引で急騰株を買って、たまたま大きく儲けたとします。儲けたのですから、とてもいいことのように思えます。しかし、これが最終的に株式相場から退場する、よくあるパターンなのです。

　急騰株で大儲けした成功体験を過信して、信用取引を駆使して急騰株を追いかけるようになりがちですが、急騰する株は、それだけ急落するリスクも高いです。一度読みが外れると、大きく資産を減らして一発退場ということになりかねません。

☑ 信用買いで損切りできない

　信用取引でレバレッジをそこまで大きくきかせなくても、損切りできない人は遅かれ早かれ強制退場になります。自分の目論見が外れたことを認められず、ズルズルと下がる株を持ち続ける投資家は、このパターンにあてはまります。

　現物株で持っているならば、強制的にロスカットを食らうことは

ありませんが、少しでも信用取引をしていると、どこかで売らざる
を得ないタイミングがやってきます。

　**過去に大きく上昇した銘柄が一度投資家から見切りをつけられる
と、よほどのことがない限り、もとに戻ってくることはありません。
株価が10分の1まで下がってしまうことすらあります。**

　現物取引では強制的なロスカットはないにせよ、損切りせずに投
資金額が10分の1まで激減してしまうと、信用取引の強制退場と
同じくらいのダメージをこうむることになります。

✅ 空売りで損切りできない

　投資の世界に「買いは家まで、売りは命まで」という言葉があり
ます。株価の下落には0円という「底」があるけれど、株価の上
昇には「天井」がありません。そのため、買いの損失は家を失うく
らいで済む一方、売りの損失は命まで失いかねないという戒めです。

　特に信用取引を使った「空売り」は、損失額が青天井です。自分
の保有株を売ることを「現物売り」といいますが、信用取引などで
保有していない株式を「借りて売る」ことを「空売り」といいます。
株価が下がることを予想して空売りし、その後、実際に株価が下落
したところで買い戻して利益を得る手法です。

　現物で100万円分の株を買った場合、仮にその会社が潰れたと
しても、損失は100万円の範囲内に収まります。しかし、空売り
で100万円分の株を借りて売り、その株価が予想に反して値下が
りせず、逆に大きく値上がりして10倍になったとしたら、損失は
1000万円になります。

　**現物買いは、損失リスクは出資額以内で限定的ですが、利益は青
天井。一方、信用取引による空売りは、利益は限定的なのに損失リ**

スクは青天井です。

　もし信用取引をする場合は、事前に必ず損切りのラインを決めておくようにしましょう。

　現物取引だけしておけば、よほどのことがない限り、相場からの強制退場にはなりません。もちろん、現物取引でも含み損を抱えた株を保有し続けるより、ほかの上昇株に投資をしたほうが圧倒的に投資パフォーマンスは上がるため、事前の投資戦略に基づいてしっかりと損切りをすることは大切です。

　株式相場から退場さえしなければ、投資家として成長するうえで損失を経験するのは非常にいい学びになります。大成功して巨万の富を築いている世界的な投資家も、大損を経験しなかった人はひとりもいません。

　損失を経験するのであれば、なるべく早いタイミングがおすすめです。運用資金100万円で−30％なら30万円の損失で済みますが、運用資金が1億円の状態で−30％となればふた桁違う3000万円の損失になります。

「投資家」と「ふつうの消費者」を
分ける考え方

コロナ禍で旅行もなかなかできない日々が続きましたが、旅行をするときの宿泊先を決めるとき、あなたはどうやって決めますか?

「コスパ重視で安ければ多少のことは気にしない」

「値段は高くても高級ホテルに泊まりたい」

コスパを重視する人もいれば、ゆっくりと快適に過ごすために多少お金がかかっても高級ホテルを選ぶという人もいるでしょう。

ここで大切なポイントは、「価格」と「価値」の関係です。

○ **ふつうの消費者** =「価格が安い」ものを買う

◎ **かしこい投資家** =「価格<価値」のものを買う

価格だけで高いか安いかを判断するのではなく、「その価格以上の価値があるか?」に目を向けて世の中を見るだけで、いつもとは違った景色が見えてくるはずです。

「お金は使えば使うほど増える」という言葉を聞いたことはありますか? 私自身は、この言葉は真実だと思っていますが、この言葉を見聞きしたことがある人でも、きちんと理解できない人は多いです。

この言葉を私は、投資を始める前の大学生のときに知

りました。最初は正直なところ「いやいや、なにいってるの！　お金は使ったら減るに決まっているじゃない！」と思いました（笑）。

　しかし、いまでは「お金は使い方によって大きく増えて返ってくる」ことが身にしみてわかります。ただし、そのためには「お金が増える使い方」をする必要があります。

　「価格＜価値」のものだけにお金を使うのです。

　「お金は使えば使うほど減る」という人は、お金が減る（価格＞価値）使い方をしています。

　お金の使い方は、「消費」「浪費」「投資」の３つに大きく分けられます。

○　消費　→　いまを生きるために使うお金
×　浪費　→　過去頑張った自分のために使うお金
◎　投資　→　未来の自分のために使うお金

　消費（いまを生きるため）と浪費（過去頑張った自分のため）は、使えば使うほど減っていきます。

　ところが投資（未来の自分のため）は、そこにはお金を使えば使うほど「お金が増える使い方」なのです。

　ふつうの消費者は、「収入が増えたから、ちょっと贅沢しよう」と、もっと家賃が高い賃貸マンションに引っ越したり、もっと高い車に乗り換えたり、もっと高い店で飲食したりと、生活水準が上がっていきます。

もちろん、ときには頑張った自分へのご褒美は必要です。しかし「消費」や「浪費」を増やしていくと当然、お金は減っていきます。そうやって快楽や快感を得るために使うお金を稼ぐために、もっと働かなければならないというループに陥ります。

　一方、「投資」に使うお金は、使った瞬間の快楽や快感は得られないかもしれませんが、将来増えて自分の元へ返ってきます。かしこい投資家として成功するためにも、「消費」「浪費」と「投資」の違いをきちんと理解しておきましょう。

価格が安ければ 買い?

価格<価値 なら買い!

コロナショックの
裏側

最初の「違和感」と暴落の「前兆」

2020年3月19日が底値（日経平均株価1万6552円）となった「コロナショック」を題材に、株価の下落局面への対処法について考えてみましょう。

結論からいうと、コロナショック前には、明らかにその前兆がありました。

これを時系列で見ていきましょう。

2020年2月13日

[出所] Newsweek 日本版

[出所] 福井新聞 ONLINE

まず、新型コロナウイルス自体、2020年1月からニュースになっていました。最初は中国・武漢で流行ったウイルスとして取り上げられ、まだ日本では「対岸の火事」という認識でした。

　日本で他人事ではないと本格的に報道され始めたのは、2020年2月に入ってから、大型クルーズ船「ダイヤモンド・プリンセス」での集団感染がきっかけでした。それまでは楽観視されていましたが、この頃になると「新型コロナウイルスはヤバいんじゃないか」と認識され始めます。

　ところが、金融市場は新型コロナの影響を一切織り込まず、上昇し続けていました。2020年2月13日付の日本経済新聞では、次のような記事が公開されています。

〔出所〕日本経済新聞電子版

　中国での新型コロナウイルス感染者が減少し始めたというニュースによって、世界経済への影響は限定的だろうという楽観的な思惑から「NYダウ」が史上最高値を更新しました。

　NYダウとは、米ダウ・ジョーンズ社が発表する、工業株30銘柄を対象とした平均株価指数で、「ダウ平均」「ダウ工業株30種平均」

とも呼ばれます。

　このNYダウ史上最高値を意識して、日経平均株価も2万4000円前後という高水準で推移。すでに世界各国で新型コロナウイルスの感染者が出始めたにもかかわらず、それを無視するかのような株価高水準だったのです。

　これが最初の「違和感」でした。

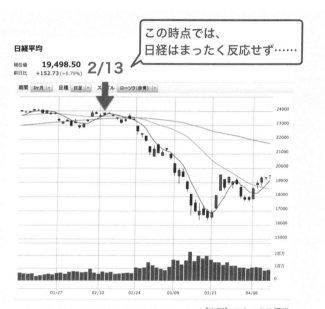

この時点では、
日経はまったく反応せず……

日経平均
現在値　**19,498.50** 2/13
前日比　**+152.73 (+0.79%)**

期間 3ヶ月 足種 日足 スタイル ローソク(赤青)

[出所] マネックス証券

2020年2月18日

　その後、いよいよ日本国内でも多くの新型コロナウイルス感染者が発生し、大々的に報道されるようになりました。

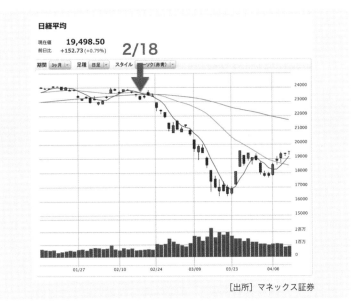

　こうしたニュースの見出しを見てもわかるように、この時点で明らかに実体経済への打撃が発生しています。この日の日経平均株価を見ると、ピーク時から多少は落ちているものの、新型コロナによる実体経済への打撃を織り込むレベルまで下げてはいませんでした。

　この時点で私は、新型コロナ拡大による株価暴落リスクに備えるポジションをとる判断をしました。明らかに実体経済と金融経済が

かけ離れてきたので、暴落したときに備えて保険をかけるイメージです。

　このまま新型コロナが全世界へと広がり続けて株価が暴落した場合への対策を打ったのです。

　株価が暴落したら大きな利益を得て、もしそうならなかったとしても多少の損失で済むような「保険料」という感覚で、下がったときに利益が出るポジションをとりました。

暴落時の対応策

　個人投資家のほとんどは「株を安く買って高く売る」ことで利益を得ようとするか、「株を買って持ち続けることで配当金を得る」ことを目的に株を保有します。

　いずれにも共通するのは、「買いポジション」（買って保有している状態）です。

　買いポジションは、株価が上がっている局面であれば大きなプラスリターンを得られますが、株価が下がっている局面では損失が発生してしまいます。

　そのため、買うことしかできない個人投資家の多くは、株価上昇局面で得た利益を暴落時にすべて失い、市場から退場することになりかねません。ところが、一部の投資家は暴落局面でも大きなリターンを得ています。

暴落時に退場する投資家と、利益を得られる投資家の違いは、「売りポジション」をとれるかどうかです。売りポジションとは、株価が下がるときに利益が出るポジションの総称です。

　将来的に値下がりする（下落する）と判断した株を売って、値下がりした時点で買い戻す。これにより決済したときの差額が利益となります。

　個人投資家のほとんどが「買いポジション」なのに対して、ヘッジファンドなどプロの投資家は「買いポジション」と「売りポジション」の両方をバランスよく保有しています。

● **買いポジション**
これから伸びていきそうな株や割安だと判断した株
● **売りポジション**
これから衰退していきそうな株や割高だと判断した株

　このようなポートフォリオ（資産構成）を組むことで、相場全体の変動に対してリスク回避しながら利益を得ているのです。

　株価は上昇局面では少しずつコツコツと上がっていき、下降局面では一気に下がる性質があります。これは人間の心理として、**「買うときは慎重に考えて買うけれど、暴落時にはわれ先にとすぐに売り逃げたい」**という心理が働くからです。

　投資の世界には**「落ちていくナイフをつかんではいけない」**という有名な格言があります。これは暴落時には株価がどこまで下がるかわからないので、うかつに手を出してはいけないという意味です。

　一方、暴落時に利益を出すことができる金融商品は複数あります。

（1552）国際の ETF（上場投信）VIX 短期先物指数
（1571）日経平均インバース・インデックス連動型上場投信
（1357）日経平均ダブルインバース・インデックス連動型上場投信

これらの ETF（上場投信）は一例ではありますが、上記の ETF は株と同じようにネット証券の証券口座でも購入でき、暴落時に上昇する性質があります。

　「インバース」とは「逆の」という意味で、日経インバースは日経平均と逆の動きをします。日経平均が 10% 下がったら日経インバースは 10% 上昇、日経平均が 20% 上昇したら日経インバースは 20% 下がるということです。

　「ダブル」は「2 倍」の意味なので、日経ダブルインバースは日経平均の逆に 2 倍の動きをします。日経平均が 10% 下がったら日経ダブルインバースは 20% 上昇、日経平均が 10% 上昇したら日経ダブルインバースは 20% 下がるということです。

　こういった金融商品を保有することも選択肢に入れると、暴落時には次の 3 つの戦略をとることができます。

❶ 保有株をすべて手放して静観する

　含み益・含み損を問わず、その時点でいったん清算して現金化します。結果的に予想したほど大きな影響がなかった場合、上昇しそうな株まで手放してしまうので、機会損失のリスクがあります。ただし、大きく下げたときにダメージはありません。

❷ 保有株はそのままで「VIX」（ヴィックス）を買ってリスク回避する

　ちょっと専門的になりますが、実際に私が打ったコロナショック対策は、市場が不安定になると価格が上がる「VIX」（米国株相場の予想変動率を示す指数 = 恐怖指数）を買って保険代わりにしたことでした。VIX はネット証券でも買えます。

　VIX は、投資家が先行き不安を感じると上昇する特性を利用して、

株価急落時に高い利益が出るように設計された指数です。

　ざっくりいうと、市場全体が下がると保有株は下がりますが、VIXが上がった分で損失を補填できます。逆に、新型コロナでたいした影響が及ばなかった場合、VIXを買った分で損失は出ますが「保険料」と割り切れます。

VIX（米国株の変動性指数）買いの判断をした経緯

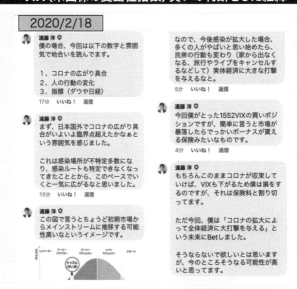

2020/2/18

遠藤 洋 ●
僕の場合、今回は以下の数字と雰囲気で地合いを読んでます。

1、コロナの広がり具合
2、人の行動の変化
3、指標（ダウや日経）

17分　いいね！　返信

遠藤 洋 ●
まず、日本国外でコロナの広がり具合がいよいよ臨界点超えたかなぁという雰囲気を感じました。

これは感染場所が不特定多数になり、感染ルートも特定できなくなってきたことから、このペースでいくと一気に広がるなと思いました。

13分　いいね！　返信

遠藤 洋 ●
この図で言うとちょうど初期市場からメインストリームに推移する可能性高いなというイメージです。

なので、今後感染が拡大した場合、多くの人がやばいと思い始めたら、民衆の行動も変わり（家から出なくなる、旅行やライブをキャンセルするなどして）実体経済に大きな打撃を与えるなと。

5分　いいね！　返信

遠藤 洋 ●
今回僕がとった1552VIXの買いポジションですが、簡単に言うと市場が暴落したらでっかいボーナスが貰える保険みたいなものです。

4分　いいね！　返信

遠藤 洋 ●
もちろんこのままコロナが収束していけば、VIXも下がるため僕は損をするのですが、それは保険料と割り切ってます。

ただ今回、僕は「コロナの拡大によって全体経済に大打撃を与える」という未来にBetしました。

そうならないで欲しいとは思いますが、今のところそうなる可能性が高いと思ってます。

［出所］投資コミュニティ iXi

❸ 保有株をすべて手放してVIXを買う

　これは❶と❷の両方をやる方法です。結果として大暴落を招いた場合、このポジションをとるといちばん儲かります。ただし、結果として暴落しなかったら、ダブルパンチで損します。

　これら3つのうち、どのポジションをとるかは、許容リスクや暴落度合いにどれくらい賭けるかによって違うので、一概にはいえ

ません。いずれにしても、株式資産を守るためにも、投資に慣れてきたら「売りポジション」という選択肢を加えてみましょう。

　ちなみに、VIX 先物に連動する「（1552）国際の ETF（上場投信）VIX 短期先物指数」の動きは、次の表の状態でした。

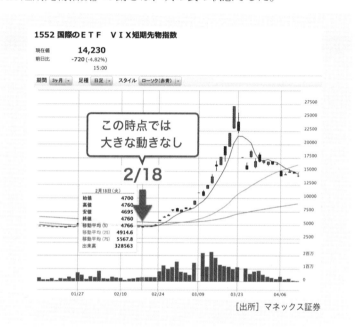

1552 国際のＥＴＦ　ＶＩＸ短期先物指数

現在値　　　　14,230
前日比　　　-720 (-4.82%)
　　　　　　　15:00

この時点では
大きな動きなし
2/18

2月18日(火)
始値　　　　　　4700
高値　　　　　　4760
安値　　　　　　4695
終値　　　　　　4760
移動平均 (5)　　4766
移動平均 (25)　4914.6
移動平均 (75)　5567.8
出来高　　　328563

［出所］マネックス証券

2020年2月19日

　さて、新型コロナ拡大により、いよいよ街中から人がいなくなってきました。3 連休の初日にもかかわらず、東海道新幹線もガラガラの状態。通常は観光客で盛り上がっていた市場でも、すっかり人影がなくなってしまいました。

訪日客で混雑していた「京の台所」錦市場も閑散　新型肺炎で「売り上げ３割以下」と店主悲鳴

2020年2月19日 10:30

🐦 f ✉ ⬇

街から
人が居なくなる

「ベテラン店員は「大震災（2011年）の時より人が減っている」と呆然とする。店員は「消費税の伏線があって、これ（新型コロナ）ですからね」と説明してくれた。和菓子の甘味処であるため中国人客の割合は4分の1に過ぎない。日本人の消費が落ち込んでいる証左だ」

昨日は西方面へ出張だった。金曜の早朝にしては新幹線は空いていた。そしてさらに、今朝の戻りはご覧の通り凄まじいほどの空席だ。これはのぞみの自由席で撮った写真だが、3連休の初日だってのにこんな空き方は見たことがない。西への出張では毎度激しい呑みになるから週末になることが多い。すなわち、土曜朝の新幹線で東京へと戻ることが多い僕で、四半世紀以上に渡る出張歴でこんな経験はほぼない。さらに京都で驚いた。人が降りないしホームも閑散としていた。会社に戻

新型コロナウイルスによる肺炎の感染拡大で、観光客の姿が少なくなった錦市場（17日午前11時7分、京都市中京区）

いつもは満員電車のような混雑の「京の台所」の錦市場（京都市中京区）を買い物客が悠々とすれ違う。「ここ数日、売り上げは例年の3割以下。こんなに悪いのは初めてだ」。長年、食料品店を営む男性は嘆く。

[出所] 昭和40年男　　[出所] 京都新聞　　[出所] BLOGOS

2020年2月25日

　ここにきて、ようやく株価が新型コロナによる経済的な打撃を織り込む形で、株価の下落が強まります。

日経平均

現在値 **19,498.50**
前日比 +152.73 (+0.79%)

期間 3ヶ月 足種 日足 スタイル **2/25** ☑データ表示

[出所] マネックス証券

　このようにコロナショックによる株価急落は、その前兆がニュースや人々の行動の変化によって現れていました。それにもかかわらず、株価が動くまでにいくらかのタイムラグがあったのです。

　まとめると、以下の３点をベースに地合い（値動き）を読んだことになります。

❶ 新型コロナ感染エリアの広がり具合
❷ 人々の行動の変化
❸ NY ダウや日経平均の指標変動

　❶については、感染エリアが不特定多数となり、感染ルートの特定も難しいことから、一気に広がる可能性が高いと判断しました。これによって❷人々の行動も変わり始め、東京・銀座への人出が激

減し、旅行やライブのキャンセルも多発。明らかに新型コロナが実体経済に影響を及ぼしていることがわかりました。

それにもかかわらず、❸ NY ダウや日経平均の指標は下がることなく維持していました。私は実体経済と金融経済（株価）に大きな乖離を感じ、どう考えてもおかしいと感じました。この乖離はいずれ収束するので、前述のように保有株は持ち続けるものの、VIX で保険をかける対策を打つことにしたのです。

コロナショックで着目した「恐怖指標」とは？

新型コロナが世界的に拡大し始めた 2020 年 2 月から、株価暴落に備えて売りポジションをとったと前述しました。そのときに活用した「VIX」という、暴落したら利益が出る指数について詳しく説明しましょう。

VIX 指数は、2017 年 12 月にビットコイン先物の上場いちばん乗りを果たしたことでも知られる「米シカゴ・オプション取引所」（CBOE）がつくった「ボラティリティ・インデックス」の略称です。ボラティリティ（Volatility）とは価格変動の度合いを表し、価格変動が大きい場合、「ボラティリティが大きい」と表現したりします。

この VIX 指数は、投資家心理を示す数値として利用されており、「恐怖指数」とも呼ばれています。恐怖指数は、通常は 10~20 の範囲で動き、市場に急激な価格変動が生じたとき（おもに暴落時）に急上昇し、価格変動が落ち着いてきたら低下する特徴があります。

簡単にいうと、VIX 指数は「全力疾走した後の脈拍」のような指数です。全力疾走すると急上昇し、落ち着くと少しずつ低下する

脈拍に似ているのです。

　このVIX指数をベースに暴落しそうなタイミングで買い、暴落後に市場の混乱が落ち着いてきたタイミングで売ることができれば、うまく差益を得られます。過去の株価チャートからも、大きな出来事が起こった後、VIX指数が大きく上昇していることがわかります。

→ 暴落時のVIX指数最高値

2008 年 　9 月	リーマン破綻	……………………	48.4
2008 年 10 月	リーマンショック	…………………	89.53
2015 年 　8 月	中国減速懸念	…………………	53.29
2018 年 　2 月	米国景気悪化懸念	………………	50.3
2020 年 　3 月	コロナショック	…………………	85.47

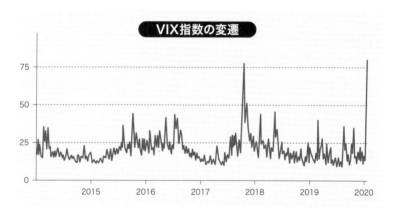

VIX指数の変遷

　リーマンショックやコロナショックと同様に、原則として対面販売のみだった第1類医薬品が2014年6月の改正薬事法施行でネット販売できるようになったときや、2020年に各国政府がガソリン車とディーゼル車の新規販売を禁止して電気自動車（EV）に完全移

行するという声明を出したときも、大きな変化があり投資のチャンスでした。

→ 突発的に発生することへの対処

● 保有銘柄の見直し

頻度 世の中に大きな変化が発生したとき／投資先に新情報が発覚したとき

目的 世の中の流れに合わせた投資手法に調整

例 ウイルスの蔓延／法律改正／最高裁の新しい判例／テロや戦争／粉飾決算／数値偽造／大株主の株式売却／巨大企業の倒産／各国政府の方針発表／新技術の登場／人々の行動の劇的変化

　運用資金が少ない時点で大きな損失を経験しておくことで、将来的に運用資金が増したときに同じ過ちを繰り返さず、もっと大きな損失をするリスクが軽減されるのです。

コロナショックで「上がった株」

コロナショックによって日経平均は大きく下げましたが、そうした状況下で大きく上昇した株と、大きく下落した株に分かれました。では、どんな銘柄が上がってどんな銘柄が下がったのかを見ていきましょう。

119ページで、シャープが新商品のマスクを発売しても株価に影響はなかったことに触れましたが、マスクやガーゼ、消毒液、防護服などの医療品メーカーである「川本産業」（3604）の株価は急騰しました。大型株のシャープとは違い、川本産業は時価総額80億円規模の小型株ですから、マスク需要の高騰に比例して、株価も急騰したのです。

また在宅勤務が増えたことにより、ネットワークインフラの導入支援が主業の「サーバーワークス」（4434）も上昇しました。サーバーワークスは時価総額700億円規模で小型株としてはやや大きな部類ですが、全体の売上高と利益に対して、新型コロナの影響によるネットワークインフラ系の需要増が、株価急騰に直結しました。

医療機関向けのオンライン診療アプリ「CLINICS」を運営する東証マザーズ上場の「メドレー」（4480）は、時価総額1000億円規模で、「CLINICS」への期待から株価が急上昇しました。

また、長期間の外出自粛により、時価総額800億円規模で、野菜などの食品宅配サービスを展開する「オイシックス・ラ・大地」（3182）の株価も好調に伸びました。

コロナショックで「下がった株」

　コロナショックによって多くの株価が下がりましたが、そのなかでも特に大きく株価が下がった会社をいくつか紹介します。

　まず、国内外の移動に大きな制限がかかったため、大手航空会社「日本航空」（9201）、大手旅行会社「エイチ・アイ・エス」（9603）、クルーズ予約サイト「ベストワンクルーズ」を運営する「ベストワンドットコム」（6577）など運輸・旅行関連の株価は大きく下落しました。

　また、各企業の急激な業績悪化によって広告宣伝費が真っ先に削られることが予想されることから、大手広告代理店「電通グループ」（4324）の株価も大幅に下落しました。

　一方で、新型コロナによって急激に在宅ワークが広がり、インターネットの需要が増えることが予想されたことから、ネット広告を主力とする「サイバーエージェント」（4751）の株価の下落率は限定的でした。これにはサイバーエージェントのスマホゲーム事業が好調だったという理由もあります。

　2020年5月20日にサイバーエージェントの時価総額（会社を丸ごと買った時の値段）は一時、世界的大手の電通グループの時価総額を抜くという現象が起きました（サイバーエージェントが約5134億円、電通グループが約5127億円）。

　広告業界で圧倒的なポジションを維持していた電通グループが、新興勢力であるサイバーエージェントに時価総額で抜かれるというのは、まさに時代の変化の象徴ともいえる出来事でしょう。

コロナショックからの
「コロナバブル」

　コロナショックによって株価が暴落する最中、2020年3月16日に日本の中央銀行である日本銀行がETF（上場投資信託）の買入増額を発表しました（日銀はETF購入について毎日、その日の購入実績をHPで公開しています）。

　ETFとは、日経平均株価や東証株価指数（TOPIX）などの動きに連動する運用結果を目指して、東京証券取引所などに上場している投資信託のことです

　国の中央銀行が直接、ETF（つまり株）を買付するのは、実は世界中でも日本だけです。アメリカもいろいろな金融政策を打ちつつ、いまだに中央銀行のFRB（連邦準備理事会）が直接株を買付することには手を出していません。

　中央銀行が株を大量に買って株価を下支えしている間はいいとして、それを売りに出したらいったい誰が買うのでしょうか？

　仮に日銀が保有株を大量に売り始めたとしたら、相場の暴落は必至でしょう。だからこそ日本以外の中央銀行は、株の買い支えをしていないのです。

　日銀の株の買い支えは、残念ながら出口戦略のない一方通行の金融政策といわざるを得ません。

　こういった日銀のETF買いは、投資家心理にも大きな影響を及ぼします。つまり経済環境が悪化しそうなのに、一般投資家の「買い」を助長するのです。

　証券会社の営業担当者も、「株価が下がっている今がチャンスです！　国をあげて日銀も株を買っているくらいなのでチャンスです

よ！」とあおることもあり、投資家による買いが入ってきます。

　ところが、実体経済をみるとコロナ禍の影響で、一部を除いて需要が大きく悪化しています。実際、倒産する会社が増え、失業者数も増えました。それにもかかわらず、株価が上昇するという奇妙な現象が発生しました。

　これは実体経済と金融経済の乖離が、どんどん大きくなることを意味します。実体経済と金融経済の乖離が広がる現象はいわゆるバブルともいえます。1990年前後のバブルも、2000年前後のITバブルもそうですが、弾けなかったバブルは存在しません。

　コロナショックで株価が暴落しましたが、その後の実体経済を置き去りにした金融経済の膨張は、いずれどこかで破裂し、実体経済と同じ水準に収束していきます。後になって「コロナショック」と連動して起こった「新型コロナバブル」といわれることになるかもしれません。

日銀がETF買入増額を発表。今後の狙い目は、売買代金が落ち着いた後の後場！？

⊙ 2020年3月18日 17:20　🗀 NEWS, コラム記事　👤 吉野 真太郎

　2020年3月16日、日銀は緊急の決定会合を開き、年間6兆円を目安にETFを買い入れる現行のルールを変更し、年間12兆円に増額すると発表しました。
　これを受けて、株式市場は反発すると思いきや、発表後下落し、2020年3月18日現在、日経平均株価は17,000円台を割り込み16,000円台となっております。

　「なんで日銀が買っているのに、株価は下がるんだろう？」と思われている方も少なくないのではないでしょうか？

　増額前には1日あたり約700億円を買い入れていたものが、3月17日には約1,200億円も買い入れています。

[出所] e WARRANT JOURNAL

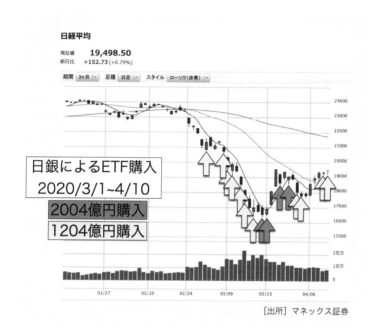

日経平均

| 現在値 | **19,498.50** |
| 前日比 | **+152.73 (+0.79%)** |

期間 3ヶ月 ▼ 足種 日足 ▼ スタイル ローソク(赤青) ▼

日銀によるETF購入
2020/3/1~4/10
2004億円購入
1204億円購入

[出所] マネックス証券

悪材料で上がるバブル相場に突入!?

　新型コロナによって、各国で外出禁止令や移動規制がかかり、街中のお店は軒並み閉鎖されました。それにともないアメリカでは、失業者が急増しました。

　次のグラフを見ればわかるように、コロナショックによるアメリカの新規失業保険申請件数は、1967年以降、ケタ違いで過去最多となりました。ところが、市場の想像よりはマシな数字だったのか、そこからNYダウが上昇し始めました。

　もちろん、アメリカ政府による緊急経済政策の効果もあるかもし

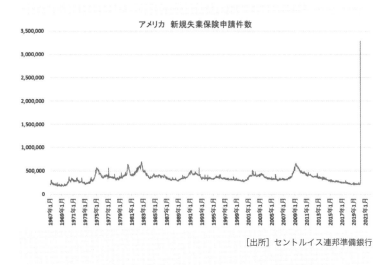

アメリカ　新規失業保険申請件数

3,500,000
3,000,000
2,500,000
2,000,000
1,500,000
1,000,000
500,000
0

1967年1月 1969年1月 1971年1月 1973年1月 1975年1月 1977年1月 1979年1月 1981年1月 1983年1月 1985年1月 1987年1月 1989年1月 1991年1月 1993年1月 1995年1月 1997年1月 1999年1月 2001年1月 2003年1月 2005年1月 2007年1月 2009年1月 2011年1月 2013年1月 2015年1月 2017年1月 2019年1月 2021年1月

［出所］セントルイス連邦準備銀行

れませんが、実体経済にはコロナ禍による計り知れないダメージが
あり、しかもいつ回復するか出口が見えない状態にもかかわらず、
株価は上がり始めたのです。

　日本のように中央銀行による株の買い支えはないものの、これも
実体経済を置いてけぼりにした株価上昇です。実体経済が明らかに
停滞していくのに株価だけ上昇する。これもバブル相場です。

　こうしたアメリカでの相場上昇に続いて日本の株価市場も、企業
の業績悪化を無視する形で上昇し始めました。

● **業績悪化の決算を発表した翌日に上昇する株価**
● **経済後退のニュースが流れるたびに上昇する日経平均**
● **住宅ローンが払えない人が急増中に上昇する日経平均**

株式投資用語で「デッド・キャット・バウンス」（Dead Cat Bounce）と呼ばれる言葉があります。これは「高いところから落とせば、死んだ猫でも跳ね返る」ということに由来し、市場が大きく値を下げた後、一時的に起きる反発のことを指します。

この言葉がいい表すように、業績悪化ですでに再起不能な会社の株価が暴落した後でも、一時的に反発することがあります。

一見株価が底を打ったかのように見えるため、底値で買おうとする投資家が群がって一時的に株価が上昇します。しかし、すでに死んでいる株は、一度反発しても死んでいるだけに、その後必ず下がってしまうので手を出さないように、という教訓でもあります。

● **2020年3月26日付の米ブルームバーグの記事**
米労働省が 26 日発表した先週の新規失業保険申請件数は、過去最多の 328 万件に急増した。新型コロナウイルスの感染拡大を阻止する取り組みで、業務を停止し、人員を削減する企業が相次いだ。

コロナショックによる経済停滞

コロナショックによる景気の急激な悪化を防ぐため、日本政府は「融資」や「給付金」という形でお金をばら撒きました。

しかし、経済の先行きが不透明の状態でお金をもらったら、もらったお金を使わずに貯金をする人が多くなり、さほど経済効果は期待できません。

無人契約機検索サイト「アトムくん」（https://mujin-keiyakuki.

net/）では、WEBアンケート作成ツール「サーベロイド」で、10万円給付金の使い道に関するアンケート調査を実施しました。これによると、10万円給付金の使い道トップ3は、1位「貯蓄・ローン返済」、2位「自粛期間中の食費」、3位「家賃の支払い」でした。

この情報を解説すると、次のようになります。

- 新型コロナでみんな外に出なくなる
- 経済悪化で倒産する会社が多発する
- 国がお金をばら撒く（←これ税金）
- 個人・法人口座に現金入金
- 先行き不透明でお金を使わず貯金
- 経済に影響なく倒産する会社が多発

どれだけ政府がお金をばら撒いても、需要が回復しないことには経済も回復しません。需要がない状態で個人や企業にお金をばら撒き続けても、問題解決にはならないのです。

その肝心の「需要」ですが、コロナショックによる私たちの「価値観と行動の変化」によって、すっかり変わってしまったような気がします。

生活環境が激変し、行動を制限されたことによって、新しい価値観が生まれたということです。コロナさえ収束すれば元に戻るというものではありませんし、今後もコロナが完全に収束することはないかもしれません。季節性インフルエンザのように、今後も毎年のように流行する可能性を秘めています。

世界はもうコロナ以前のようには戻らないのです。

コロナショックでわかったこと

　ビフォー・コロナでは、企業の広告宣伝によって、気がつかないうちに必要のないものまで「必要なもの」と信じさせられてきました。しかし、新型コロナの半強制的な自粛ムードによって行動を制限されたことによって、会社のテレワークや大学のオンライン授業が一気に広がり、通勤や通学が絶対的なものではなくなりました。満員電車に揺られて毎朝"民族大移動"していたのは、いったいなんだったのか、と。

　そんなふうに「必要なかったもの」にみんな気づき始めたのです。以前は当然だと思っていた「電車通勤」「オフィスワーク」「国内・海外出張」「会社の飲み会」といったことが必ずしも不可欠でなかったのです。

　毎朝、満員電車に揺られて出勤して、会社のデスクで仕事をしなくても、在宅勤務で仕事は十分可能だし、PCやスマホでZoomなどのビデオ会議システムを使えば会議も在宅で支障はありません。

　全世界的に新型コロナが広まって、打ち合わせもビデオ会議でOKという共通認識を得られたので、これまで高い交通費を支払っていた新幹線や飛行機で移動しての国内外への出張も不要。飲み会でさえZoomでできるということもわかりました。

　また、恋愛においても「たくさんの新規の人と出会いたい」というより、「特定の人と深い関係性を築きたい」という価値観にシフトする人が増えましたし、自宅で過ごす時間が増えることで、家族や自分のパートナーとの絆の深さがどれだけ大切だったか、改めて気づかされた人も多いでしょう。

　もちろん、仕事もプライベートも直接会うことは大切ですが、少なくとも「ネットでも十分に対応できることはある」ということが身をもって明らかになったのです。

　いわばコロナをきっかけに私たちの行動が制限されたことによって、強制的に行動の断捨離をさせられた形になりました。そして、実際に手放してみると、「あれ？　いままで必要だと思ってたけど、なくても、ぜんぜん気にならないな」と思うものが多くあったことに気がつきます。

　ビフォー・コロナの価値観が完全に淘汰されるわけではありませんが、コロナ禍で気づいてしまった「新たな価値観」で、これから活していく人は多いでしょう。

ウィズ・コロナ時代の株式投資

　ウィズ・コロナの「新たな価値観」に対応する株式投資では、ビフォー・コロナの価値観との共存も加味しなくてはなりません。

　新たな価値観の流入により、起こり得る投資リスクを予測して、対策を備えなくてはならないのです。

　前述したように個人投資家は、基本的に「買いポジション」のみをとっていることが多いため、株価が上がれば利益が出ますが、下がれば損失が出ます。一方、**プロの投資家は「買い」と「売り」の両方のポジションをとるケースがほとんどで、株式相場が上昇しても下落しても利益を出せるようにしています。**

　「買い」と「売り」の両方のポジションをとるというのは、以下のようなイメージです。

- ● 買い
- ◎ これから伸びそうな銘柄
- ◎ 割安な銘柄
- ● 売り
- × これから衰退していきそうな銘柄
- × 割高な銘柄

　たとえば、コロナ禍によって在宅勤務が拡大し、外食や遠出の需要が減ったときには、次のようなポジションをとります。

- ● 買い
- ◎ オンライン会議サービス
- ◎ サイバーセキュリティ
- ◎ ケータリングサービス
- ◎ オンラインショッピング
- ◎ オンライン広告
- ● 売り
- × 貸し会議室
- × オフィス運営
- × 航空会社
- × 飲食店
- × リアル広告

　このようなポジションをとることで、相場全体が上昇しようが下降しようが、思惑通りに株価が動けば利益を得ることが可能になります。

　しかし、こうしたリスク回避にもデメリットはあります。リスク回避する分、大きなリターンを目指すことがどうしても難しくなるのです。

「変わるもの」と「変わらないもの」を
見極める

「どんな会社の株が上がるの？」と聞かれたら、私は「みんなが欲しがる商品・サービスを提供している会社」と答えます。時代がどのように変化しても、この原理原則は変わりません。

みんなが欲しがる商品・サービスを提供して買ってもらえる限り、その会社の業績は伸びていきます。逆に、それができなくなったら衰退していきます。

古い話になりますが、1956年（昭和31年）の経済白書に「もはや戦後ではない」と明記され、戦後復興の終了を宣言した日本では、洗濯機・冷蔵庫・白黒テレビの家電3品目が「三種の神器」とされ、みんなが欲しがりました。

そのため、松下電器産業（現・パナソニック）や日立製作所、東京芝浦電気（現・東芝）などが大きく成長していきました。

いまの時代では、どうでしょう。洗濯機・冷蔵庫・テレビ・炊飯器・エアコン・電子レンジなどの家電はあたり前のものになり、市場は飽和しています。

日本の大手家電メーカーの株価が伸びないのは、まさに海外メーカーに強みを奪われ、「みんなが欲しがる商品・サービスを提供できなくなってしまった」からです。

では、いまの世の中では、どんな商品・サービスが求められているでしょうか？　みんなの欲求が変わるタイミングこそが、富がいちばん大きく移動するタイミングでもあります。新型コロナの蔓延は、世の価値観を一気に変えて、人々の行

動も大きく変化させました。

　新型コロナで大きな打撃を受けましたが、一方で人々の需要も消費行動も劇的に変わったのです。

　このように変化した人々の欲求の先にこそ、新たに急成長する会社（小型株）が現れるのです。

→ 新型コロナによる価値観の変化

● ビジネスの変化
`Before` 新規顧客・市場の開拓
`After` **既存顧客との直接的なつながり**

● ライフスタイルの変化
`Before` 都市部に住んで通勤して働く
`After` **都市部以外に住んでオンラインで働く**

● コミュニティの変化
`Before` 不特定多数との広く浅いつき合い
`After` **特定少数との狭く深いつき合い**

● オフィスの変化
`Before` 都市部の一等地にある新しいビル
`After` **もはや不要**

● 人事評価の変化

Before 年功序列、時給制度、雰囲気評価、要領評価

After リモートワークにより結果主義へ

● お金の変化

Before 経済的成功こそが人生の成功

After 充実した時間を送りつつお金を得る

　小型株集中投資で勝ち続けるために必要な視点の1つは、「変わるもの」と「変わらないもの」を見極めることです。

　多くの人はつい「変わるもの」に目を奪われてしまいがちですが、それだけでは目の前の状況や世の中の変化に振り回され続けることになります。

　すぐに「変わるもの」は、本質ではありません。投資においても、ビジネスにおいても、人間関係においても、その本質を理解するためには「変わらないもの」に目を向ける必要があると私は思っています。

　新型コロナの蔓延によって半強制的に私たちの行動は制限されましたが、こうした変化があるときほど「変わるもの」と「変わらないもの」を見分けるのに適しています。

　たとえば、新型コロナによる外出自粛によって、飲食店での飲み会は減りましたが、その代わりに「オンライン飲み会」の需要が増えました。そのほかにも仕事のミーティング、友人とのお茶、麻雀やカラオケなどもオンライン需要が増えました。

　飲食店からオンラインへと手段は変わったものの、「コミュ

ニケーションをとりたい」という需要や欲求は変わらないということです。

　飲食店が軒並み営業時間を短縮したため外食の需要は減りましたが、その代わりにお取り寄せグルメの需要が増えました。これも外食から通販へと手段は変わったものの「おいしいものを食べたい」という欲求は変わらないということです。

　「変わらないもの」にフォーカスした本質的な投資ができるようになれば、世の中がどう変化しても柔軟に対応することができます。

　世の中に存在するすべてのものは「変わるもの」と「変わらないもの」の２つに分かれます。「変わるもの」のほうが流行の最先端っぽくてカッコよさそうで、みんなが飛びつくので株価も急上昇することがあります。しかし、本当に大事なのは、「変わらないもの」にフォーカスした本質的な投資をすることなのです。

　そうすることで、世の中の流行や変わりゆくものの本質も、よりクリアに見えるようになり、冷静な投資判断を下せるようになります。

おわりに

　前著『10万円から始める！　小型株集中投資で1億円』が、おかげさまで読者の皆さまからたいへん好評を得ました。そこで本書では、より踏み込んだ実践的な内容を盛り込みました。

　なるべく投資初心者にも理解しやすいように可能な限り難しい話を避け、小手先のテクニックではなく、「本質の理解」を重要視した構成になっています。

　本質を理解してもらうために、比喩やたとえ話なども多く盛り込んでいます。厳密には微妙に違う表現があるかもしれませんが、細かい枝葉の部分よりも「理解」を優先した結果です。

　将来への不安や、先行きの不透明さ、新型コロナによる価値観の変化などがきっかけで、これから投資を始めようとする人が増えています。

　会社員として「労働」の対価として給料を得るという実体経済圏だけで生きていくのに限界を感じ、「投資」という金融経済圏で自分の資産を運用する流れは、これからは必須になると思います。

　投資をする際、いちばん大事なのは「本質を忘れない」ということです。

　金融経済の世界では、人の行動や感情の変化によって、一時的に

おわりに

本質からかけ離れた動きをすることがたくさんあります。そうした
ときに、冷静に本質を見極めて判断できるようになれば、中長期的
に資産を増やし続けることができるでしょう。

　しかし、本質を見失って、目先の利益を前に冷静な判断ができな
くなると、せっかく築いた資産を大きく減らしてしまう結果になり
かねません。

　実体経済も金融経済も、その本質は「みんなを幸せにする」とい
うことです。みんなを幸せにできないビジネスは長続きしませんし、
みんなを幸せにできない会社の株式は長く伸び続けません。これは
本質です。

　あなたが本質に沿った投資をしているかぎり資産は増えますし、
あなたの投資によって世の中はもっと面白くなるし、みんなが幸せ
になります。

　もともとは実体経済をサポートする目的でつくられた金融経済で
すが、実体経済を大きく引き離し、膨張し続けてきました。そして、
金融経済は実体経済に大きな影響を与える力をつけました。

　その金融経済を動かすのは、投資家である私たちです。私たち投
資家が、きちんと本質に沿った投資をしていれば、実体経済も本質
的にはよくなっていきます。

　しかし、私たち投資家が、目先の利益だけを目的に短絡的な投資
を続けているかぎり、金融経済を通して実体経済をよくしていくこ
とは難しいでしょう。

　本質を見極めて投資して、勝てる投資家が増えれば、世の中はもっ
ともっと面白くなると信じています。

株式投資で勝ち続けるために大切なことは「退場しないこと」。

上昇相場にたまたま乗ることができて、一時的に大きな資産を築いても、その後、相場の暴落ですべてを失ってしまい、市場から退場せざるを得なくなった投資家は数多くいます。これでは、最終的にお金をなくすために投資をしているようなものです。

　退場さえしなければ、次のチャンスはいくらでもやってきます。株式投資は最悪の事態を事前に想定できるのです。多くの人は「儲かるイメージ」しか持たずに投資して、予想に反したときにどうするかを考えません。そして、全資産が底をついてから「こんなことは想定外だった……」と落胆したりします。

　ハッキリいっておきましょう。それは「想定外だった」のではなく「想定を怠っていた」だけなのです！

「総資産が3割減ったら休む」。

　会社経営にも通じることですが、損失が全体の3割までであれば、一度損切りしてやり直せます。しかし、3割以上の損失を抱えてしまうと、損切りしてもやり直しがとても困難になります。損切りそのものが、難しくなってしまうからです。

　総資産が3割減ってしまったら、一度株を手放して休む。そして、落ち着いてから再度、投資の世界に戻ってくるという余裕を持つことも大切です。

　最後になりますが、本書を編集するにあたって私の拙い文章を何度もチェックし編集していただいたダイヤモンド社の斎藤順さん、私が伝えたいことの本質を完璧にイラストにしていただいたイラストレーターの伊藤ハムスターさん、読者にとってわかりやすいよう書籍全体のデザインを担当していただいたデザイナーの渡邉雄哉さ

ん、そして本書を執筆する多くのヒントを与えてくれた投資コミュニティ ixi のメンバーの皆さん、本当にありがとうございました。

　本書の内容ですが、一歩踏み込んだ内容も多く少し難しく感じた方もいるかもしれません。

　しかし、実際に投資を始めた後に必要になると思われる実践的な内容を盛り込みました。

　読者のみなさんの資産の増加と人生の充実に、本書が少しでもお役に立てることができたら、著者としても非常に嬉しく思います。

2020 年 11 月
東京ミッドタウンにて

遠藤 洋

［著者］

遠藤 洋（えんどう・ひろし）

投資家・自由人。1987年埼玉県生まれ。東京理科大学理工学部電気電子情報工学科在学中の夏休み、なにか新しいことをやってみようと、家庭教師のアルバイトで貯めたお金を元手に知識ゼロの状態から投資をはじめる。すると、有名企業の株より小型株、分散投資より集中投資のほうが実は低リスク・高リターンであることを実体験。大学卒業後、ベンチャー企業に入社するも、投資で得た資金を元手に26歳で独立。本質的な価値を見極め「1年以内に株価3倍以上になる小型株」へ集中投資するスタイルで、最大年間利まわり+600%、1銘柄の最大投資益+1200%など、1銘柄だけでも億単位のリターンを達成。噂を聞きつけた資産家から「10億円を預けるから資産運用してほしい」と頼まれたこともあるが、いまのところ外部運用はすべて断り、自己資金のみで運用している。その投資経験をベースに、経営者、上場企業役員、医者、弁護士、ビジネスパーソンなど、これまで1500人以上の個人投資家を指導し「勝てる投資家」を数多く輩出。現在は投資しながら1年のうち半分は国内外を旅して自由を謳歌しつつ、次世代を担う投資家や事業の育成に力を入れている。

10万円から始める！ 小型株集中投資で1億円【実践バイブル】

2020年12月 1 日　第 1 刷発行
2020年12月17日　第 2 刷発行

著　者──遠藤 洋
発行所──ダイヤモンド社
　　　　　〒150-8409　東京都渋谷区神宮前 6-12-17
　　　　　https://www.diamond.co.jp/
　　　　　電話／03·5778·7233（編集）　03·5778·7240（販売）
デザイン──LIKE A DESIGN（渡邉 雄哉）
イラスト──伊藤ハムスター
校正───鷗来堂
製作進行──ダイヤモンド・グラフィック社
印刷・製本─三松堂
編集担当──斎藤 順